2012 年卫生公益性行业科研专项（编号 201202010）
——学生重大疾病防控技术和相关标准研制及应用

学生肥胖控制和健康促进
——中小学校指导手册

School Guidebook for Obesity Control and Health Promotion

主　　编　陈天娇　马　军

副 主 编　王海俊　李榴柏

编写人员（按姓氏笔画排序）

马　军（北京大学儿童青少年卫生研究所）
王　燕（北京市房山区良乡第三中学）
王海俊（北京大学儿童青少年卫生研究所）
付连国（北京大学儿童青少年卫生研究所）
吕艳杰（北京市房山区石楼中心小学）
阳益德（北京大学儿童青少年卫生研究所）
李榴柏（北京大学儿童青少年卫生研究所）
宋　逸（北京大学儿童青少年卫生研究所）
陈天娇（北京大学儿童青少年卫生研究所）
林宁翔（北京市房山区中小学保健所）
罗春燕（上海市疾病预防控制中心）
段佳丽（北京市疾病预防控制中心）
高素梅（北京市房山区中小学保健所）
郭　欣（北京市疾病预防控制中心）
崔馨月（北京大学儿童青少年卫生研究所）

北京大学医学出版社

XUESHENG FEIPANG KONGZHI HE JIANKANG CUJIN
——ZHONG XIAO XUEXIAO ZHIDAO SHOUCE

图书在版编目（CIP）数据

学生肥胖控制和健康促进：中小学校指导手册 / 陈天娇，马军主编．—北京：北京大学医学出版社，2015. 3（2018.10 重印）
ISBN 978-7-5659-1046-3

Ⅰ．①学… Ⅱ．①陈… ②马… Ⅲ．①健康教育 - 中小学 - 教学参考资料 Ⅳ．① G479

中国版本图书馆 CIP 数据核字（2015）第 036021 号

学生肥胖控制和健康促进——中小学校指导手册

主　　编：陈天娇　马　军
出版发行：北京大学医学出版社
地　　址：（100191）北京市海淀区学院路 38 号　北京大学医学部院内
电　　话：发行部 010-82802230；图书邮购 010-82802495
网　　址：http://www.pumpress.com.cn
E-mail：booksale@bjmu.edu.cn
印　　刷：北京信彩瑞禾印刷厂
经　　销：新华书店
责任编辑：董采萱　　**责任校对：**金彤文　　**责任印制：**李　啸
开　　本：787 mm × 1092 mm　1/16　　**印张：**6.5　　**插页：**3　　**字数：**160 千字
版　　次：2015 年 3 月第 1 版　2018 年 10 月第 2 次印刷
书　　号：ISBN 978-7-5659-1046-3
定　　价：35.00 元

前 言

伴随经济快速增长和都市化进程，我国儿童青少年超重肥胖率增势迅猛，已经成为重要的公共卫生问题。超重和肥胖不仅影响青少年身心健康，也将导致成年期慢性疾病，造成严重的疾病负担。2010 年全国学生体质与健康调研结果显示，7 ~ 18 岁男生超重肥胖率为 19.0%，女生为 10.9%，城市、乡村各群体中超重和肥胖已经全面流行。其中沿海大城市 7 ~ 18 岁男生超重肥胖率为 32.6%，女生为 19.1%，接近目前美国、意大利等国的超重肥胖率，达到重度流行水平。目前我国学龄儿童青少年总体上处于肥胖的早中期流行阶段，在这个关键时期，积极采取有效的预防控制措施减缓儿童青少年肥胖的发展趋势，应该成为全社会的共识和努力方向。

在学校开展学生肥胖控制和健康促进工作具有天然的优势。学校利用完备的教学资源和体系，使数目庞大的中小学在校学生，在身心发育的关键时期养成健康生活方式的信念和行为，并与家庭教育相结合，最终将对整个社会的健康水平产生影响。在国家和政策层面，从《中小学健康教育规范》到“健康促进学校”，到《中共中央国务院关于加强青少年体育增强青少年体质的意见》（“中央 7 号文件”），到《国家学生体质健康标准》，都对我国学校学生肥胖控制和健康促进工作起到了有力的推动作用，但在具体实践中，学校健康工作者又往往深感缺乏实用性和可操作性强的专业参考书。

本书作为 2012 年卫生公益性行业科研专项“学生重大疾病防控技术和相关标准研制及应用（编号 201202010）”实施手段的一部分，从理论到实践，重点介绍了如何制定学校学生肥胖控制和健康促进政策，如何在学校物质环境、社会环境、社区关系、个人技能和健康服务方面制订并落实肥胖控制和健康促进计划方案，以及如何进行监督评估。同时，特别针对学校健康工作的主力——学校卫生和体育工作者，就肥胖控制和健康促进中的具体工作内容做了详细阐述。最后以本行业科研专项项目中“快乐运动　健康饮食”干预项目为例，展示学校学生肥胖控制和健康促进的具体实施方法。

“快乐运动　健康饮食”干预项目在实施中取得了较好的干预效果，受到了学校、学生、老师和家长的欢迎。本书编者包括了从专家到基层一线工作人员的梯队。衷心希望本书能为学校卫生工作者、学校体育工作者、学校行政领导，以及政府部门和社会组织中关注儿童青少年肥胖控制和健康促进的人士，提供切实有益的参考。

编者

目录

第一部分　儿童青少年肥胖概述

肥胖的定义

肥胖（obesity）是在遗传和环境交互作用下，因能量摄入超过能量消耗，导致体内脂肪积聚过多，从而危害健康的一类慢性代谢性疾病。肥胖发生的根本原因在于机体的能量代谢失衡，能量摄入过多，超过机体的代谢需要，即“吃得多、动得少”，多余的能量转化为脂肪贮存在体内而引起肥胖。肥胖是多种慢性病发生的危险因素，对人类的健康可造成严重危害。

肥胖按病因不同，可分为原发性肥胖和继发性肥胖。原发性肥胖指没有明显原因导致或病因尚不明确的肥胖，其病因复杂，受遗传和环境因素（包括饮食及身体活动等）的共同作用。原发性肥胖也即单纯性肥胖，儿童青少年肥胖中大部分属于单纯性肥胖。继发性肥胖是指有明确原发疾病导致的肥胖，主要包括脑垂体 - 肾上腺轴病变、内分泌障碍和单基因突变导致的肥胖，只占儿童青少年肥胖的少部分，如下丘脑综合征、垂体肿瘤、库欣综合征、甲状腺功能低下、多囊卵巢综合征、胰岛素瘤、Cohen 综合征、假性弗勒赫利希综合征（肥胖生殖无能综合征）、Prader-Willi 综合征等。

肥胖按脂肪组织在身体分布部位的不同，可分为中心性肥胖和周围性肥胖。中心性肥胖也称腹型肥胖，或向心性肥胖、内脏性肥胖。此型肥胖脂肪主要聚集在腹腔内，内脏脂肪堆积，表现为腰围大于臀围。周围性肥胖也称为全身匀称性肥胖或皮下脂肪性肥胖，此型肥胖脂肪在体内基本上呈匀称性分布，青春期发育后臀部脂肪堆积明显多于腹部，表现为臀围大于腰围。中心性肥胖是多种慢性病的重要危险因素，更容易导致糖尿病、高血压、冠心病、脑卒中等心脑血管疾病。

对肥胖儿童应进行单纯性肥胖和继发性肥胖的鉴别诊断。临床主要根据病史、体格检查、实验室检查和内分泌检查进行鉴别诊断，继发性肥胖常伴有畸形、性器官发育障碍、智力障碍或其他原发症状，一般体检时可发现。继发性肥胖患儿应该积极治疗原发病。对肥胖儿童进行中心性肥胖和周围性肥胖分类有助于评估儿童患病风险。

肥胖的危害

儿童青少年肥胖会对机体产生多方面的影响，可导致儿童青少年血脂代谢异常、心血管功能下降、肺功能损伤、糖代谢障碍，甚至可导致高脂血症、高血压、糖尿病、心血管疾病、肺部疾病、非酒精性脂肪肝及心理疾病等。由于儿童处于生长发育和心理发育的特殊阶段，肥胖对其健康的影响与成年人相比有所不同，儿童青少年肥胖及其相关的健康危险可以持续至成年。

1．高脂血症

血脂是血浆中脂类的统称，包括三酰甘油（即甘油三酯）、胆固醇、脂蛋白、载脂蛋白及游离脂肪酸等。高脂血症是指血浆中脂类水平的升高，主要包括高胆固醇血症和高甘油三酯血症及混合型高脂血症（胆固醇和甘油三酯均升高）。肥胖儿童机体脂肪组织大量堆积，导致胰岛素抵抗，从而致使脂肪细胞脂蛋白酶活性、肝甘油三酯酶活性、低密度脂蛋白受体活性下降，导致极低密度脂蛋白合成和清除障碍，高密度脂蛋白减少，出现脂代谢紊乱。肥胖儿童血清总胆固醇升高，甘油三酯升高，低密度脂蛋白胆固醇升高，高密度脂蛋白胆固醇降低。腹型肥胖与血脂异常的相关性更强。

2．高血压

高血压是指收缩压（SBP）和（或）舒张压（DBP）异常升高。儿童高血压尚缺乏统一的诊断标准，如世界卫生组织（WHO）1959 年提出 12 岁及以下儿童血压高于 135/85mmHg，13 岁及以上儿童血压高于 140/90mmHg 诊断为高血压；《美国儿童青少年高血压诊治指南》按性别 - 年龄 - 身高分层，以血压 P_{90}、P_{95}、P_{99} 百分位数为界值，将血压划分为高血压前期、高血压 1 期和高血压 2 期；在我国，季成叶等根据全国学生体质与健康调研数据，采用 LMS 法制定了中国 6 ～ 22 岁儿童青少年各性别 - 年龄组血压正常值，可供高血压筛查使用。肥胖引起血压升高，是由于肥胖导致胰岛素抵抗、交感神经兴奋、去甲肾上腺素水平和机体对钠的敏感性升高以及肾病理改变等所致。研究显示，肥胖学生 SBP、DBP 水平均高于非超重学生，2005 年全国学生体质健康调研发现肥胖学生 SBP、DBP 分别高于体重正常学生 10.15mmHg 和 6.34mmHg。对 13 ～ 17 岁青少年的研究发现，肥胖青少年与体重正常者发生高血压的危险，男生增加 7.71 倍、女生增加 1.72 倍。

3．2 型糖尿病

糖尿病是由于胰岛素分泌或作用障碍，引起血糖升高、蛋白质、脂肪、电解质和水代谢紊乱的一组慢性疾病。肥胖儿童脂肪在肌肉、肝、腹部等部位大量堆积，脂肪分解活跃，大量游离脂肪酸进入血液，抑制葡萄糖氧化及合成，促进糖异生，引起胰岛素抵抗；游离脂肪酸对胰岛 β 细胞具有脂毒性，影响其分泌胰岛素，导致胰岛素分泌不足；同时脂肪细胞能够分泌炎症因子，炎症反应和氧化应激也可引发胰岛素抵抗，造成 β 细胞受损。有研究表明，超重儿童有 84% 为低胰岛素敏感，非超重儿童为 18%，相对危险度为 25.68。

4．代谢综合征

代谢综合征是多种代谢异常聚集的病理状态，包括腹型肥胖、高血压、高血糖、血脂异常、胰岛素抵抗、2 型糖尿病等。代谢综合征的具体发病机制尚不清楚，但学者们公认肥胖是代谢综合征的始动因子。流行病学调查研究均表明肥胖会增加患代谢综合征的危险。美国有研究发现，肥胖儿童代谢综合征患病率为44.2%，体重正常儿童为1.6%；对我国8省市的研究发现肥胖儿童代谢综合征患病率为23.9%，体重正常者为0.7%。儿童期代谢综合征危险因素的聚集可延续至成年，增加患慢性病和过早死亡的危险性。

5. 非酒精性脂肪肝

非酒精性脂肪肝是由于脂肪在肝内堆积而导致肝脂肪代谢异常。由于肥胖儿童脂肪水解活跃，进入血液的大量游离脂肪酸具有很高的细胞毒性，可导致肝实质细胞脂肪变性、坏死甚至纤维化等。美国报道2～19岁儿童组织学诊断为非酒精性脂肪肝的比例为13%，肥胖儿童为38%。我国曾报道6～12岁肥胖儿童中脂肪肝的发生率为50%。

6. 多囊卵巢综合征

多囊卵巢综合征是以不规律月经、闭经、不孕、多毛、肥胖、痤疮等为特征的独立内分泌疾病。肥胖女孩可有高胰岛素血症，其可直接或间接作用于卵巢或肾上腺，促进雄激素合成。有研究表明，多囊卵巢综合征的患病率为4%～18%，如果肥胖多囊卵巢综合征儿童体重下降5%，则能够增加其排卵和怀孕概率；也有研究发现，12～18岁肥胖多囊卵巢综合征青少年通过生活方式控制体重，体重减轻者闭经率会下降42%，不规律月经率会下降19%。

7. 阻塞性睡眠呼吸暂停综合征

阻塞性睡眠呼吸暂停综合征是指上呼吸道（鼻腔、口腔）气流间歇性中断持续10秒以上。肥胖引起阻塞性睡眠呼吸暂停综合征主要是由于脂肪堆积导致上呼吸道狭窄、胸壁适应性降低，也可能是过多脂肪组织影响传输神经兴奋，促使呼吸阻塞的发生，引起睡眠时打鼾，甚至呼吸暂停，严重可致突然死亡。有研究发现，2～18岁肥胖儿童青少年患阻塞性睡眠呼吸暂停综合征概率会增加4～5倍；体质指数（BMI）每高于相应性别、年龄组BMI均值1个单位，阻塞性睡眠呼吸暂停综合征患病率会增加12%。儿童睡眠质量不高将影响儿童生长发育，以及学习能力和生活质量。

8. 黑棘皮病

黑棘皮病又称为黑角化病，表现为皮肤过度角化、色素沉着、皮肤变黑、粗糙及疣状增生。该病发病机制尚不明确，认为可能与内分泌疾病如高胰岛素血症和胰岛素抵抗等有关。肥胖是导致高胰岛素血症和胰岛素抵抗的高危因素，有研究表明，黑棘皮病的发展与肥胖程度呈正相关，患有黑棘皮病的肥胖儿童BMI比未患黑棘皮病肥胖儿童高$3.9kg/m^2$。

9. 胆石症

胆石症是发生在各级胆管及胆囊内结石的统称，主要包含胆固醇结石和色素结石。肥胖是胆石症形成的危险因素，这与肥胖患者血中较高水平的三酰甘油和胆固醇密切相关；另外肥胖者胆汁长期呈过饱和状态，促使胆汁中胆固醇更容易结晶、沉淀，从而形成结石。有研究表明，超重、中度肥胖和重度肥胖儿童相对于非超重肥胖儿童胆石症患病率增加，男生相对危险度分别为1.46、1.83和3.10，女生分别为2.73、5.75和7.71。

10. 痛风

痛风是指由于嘌呤代谢紊乱引起血尿酸增高并伴有组织损伤的一组疾病，主要包括痛风性关节炎、痛风石、痛风肾等。美国全国健康营养调查数据显示，痛风患病率随BMI值增高而增加，正常体重者痛风患病率为1%～2%，超重者为3%，Ⅰ度肥胖者为4%～5%，Ⅱ度和Ⅲ度肥胖者为5%～7%。

11. 心理-行为改变

肥胖儿童身体脂肪堆积，体型较体重正常儿童臃肿，在运动或活动过程中动作缓慢，经常会受到他人取笑、嘲讽；同时受到媒体、影视、杂志等关于瘦为美价值观的影响，会引起体像不满，导致儿童青少年自尊心低下、焦虑、饮食失调，甚至产生自杀意念等。肥胖儿童心理行为的改变对于儿童青少年的影响是长期而深远的，在预防、控制儿童肥胖及矫正肥胖儿童的饮食行为过程中，更应加以关注。随着社会经济文化的进步，人们对自身身体认知更加关注，体像不满已经成为影响人们健康的重要心理问题。有研究表明，肥胖儿童体像不满程度明显高于正常体重儿童。肥胖也是导致低自尊的危险因素，有研究显示，肥胖会使低自尊发生危险增加2倍。韩国研究发现，超重儿童青少年如有体像不满，更容易有自杀意念形成。

肥胖的流行病学现状

发达国家和发展中国家的儿童肥胖增长速度不同。在发达国家中，经济状况较差的人群儿童肥胖率较高；而发展中国家，经济状况较好的人群儿童肥胖率较高，城市儿童肥胖率高于农村。

我国季成叶等根据全国学生体质与健康调研数据提出，儿童青少年超重率、肥胖率分别由1985年的1.1%、0.1%迅速上升到2010年的9.9%、5.1%。不同经济状况的地区超重率和肥胖率上升速度不同，其中大、中城市上升迅猛。沿海大城市如北京、天津等地儿童青少年超重率、肥胖率分别由1985年的2.8%、0.65%上升到2010年的15.5%、10.8%。根据全国人口估计，超重肥胖儿童约为3000万人，肥胖问题亟须解决，刻不容缓。

控制儿童肥胖的意义重大。英国伦敦大学学院儿童健康研究所利用1958年英国出生队列中两代人的资料，分析肥胖的代际影响。结果表明，父母辈童年期或成人期的BMI增加，都与子代的BMI和肥胖相关联。可见，降低当代人儿童期的肥胖对减少下一代肥胖有积极意义。

1. 世界流行情况

当前，超重和肥胖已在世界范围内广泛流行，据估计在成年人群中超重肥胖人数多于11亿，其中3.12亿为肥胖，儿童超重肥胖人数多于1.55亿。世界卫生组织估计，到2015年全世界超重肥胖人数将高达23亿，肥胖人数高于7亿。全球范围内，欧美等发达国家肥胖流行较为严重，美国儿童青少年肥胖流行最为突出。20世纪60年代美国儿童青少年肥胖检出率较低，6～11岁为4.2%、12～19岁为4.6%；从70、80年代开始流行加速蔓延；90年代进入第2个高峰增长期，2～5岁儿童肥胖检出率为7.2%，6～11岁为11.3%，12～19岁为10.5%；2000年后美国儿童青少年超重肥胖检出率增幅有所下降，到2010年超重肥胖检出率增长停滞，2～19岁儿童青少年肥胖检出率为16.9%。加拿大1981年数据显示，超重肥胖率女孩为11%，男孩为13%，1996年分别上升到33%和27%，2004年报告12～19岁人群肥胖率为11.7%。许多发达国家儿童肥胖率已出现增长停滞趋势，如澳大利亚从1996年到2008年、法国从2000年到2007年、瑞士从2002年到2007年、瑞典女孩从2000—2001年度到2004—2005年度，肥胖率已开始下降。而发展中国家肥胖率仍持续上升，如巴西儿童肥胖率每年增加2%。

2. 我国流行情况

1985年我国儿童青少年肥胖率较低，即使是大城市男、女学生，肥胖检出率也仅为0.2%和0.1%，超重检出率为1%～2%。从20世纪90年代开始超重率大幅上升，城市增幅高于乡村，男生高于女生，北京等发达大城市肥胖高发人群开始形成，城市男生7～9岁、10～12岁肥胖检出率分别为4.7%和3.8%，女生7～9岁、10～12岁肥胖检出率分别为3.2%和2.2%，但与营养不良并存，两极分化明显。1995年超重检出率大幅增长，发达城市男、女学生超重率分别比1985年增长3倍和2倍。2000年大城市学生肥胖全面进入增长期，接近中等发达国家水平，北京等发达大城市男性7～9岁、10～12岁超重肥胖检出率分别为25.4%、25.5%，女生则分别为17.0%、14.3%。2005年学生超重与肥胖检出率继续增加，其中城市男生超重和肥胖的检出率分别为13.3%和11.4%，与1995年相比超重、肥胖检出率增长有所趋缓，但肥胖检出率的增长速度大于超重。2010年7～22岁学生超重、肥胖检出率仍继续增加，城市男生、城市女生、乡村男生、乡村女生肥胖检出率分别为13.3%、5.6%、7.8%和3.8%，乡村肥胖检出率年均增长速度已超过城市。当前，我国儿童青少年肥胖率约相当于美国20世纪80年代水平，但其中沿海大城市超重肥胖流行情况已达到重度流行水平，接近目前美国、意大利、西班牙等国的超重肥胖率，大中城市也已达到中度以上流行水平。如按此趋势发展，二三十年后，我国全国超重肥胖流行情况将和今天的美国一样严重。

当前，结合我国肥胖流行趋势，依据危险因素，制订行之有效的预防控制策略、措施刻不容缓。

肥胖发生的危险因素

肥胖是在遗传和环境因素的共同作用下，机体能量代谢失衡，而导致身体的脂肪过多聚积。

1. 遗传因素

遗传是肥胖发生、发展过程中的重要因素。体重由多基因决定，与肥胖有关的体重调节基因主要位于2、10、11和20号染色体。单基因突变也可导致肥胖。随着人类基因组计划的完成以及人类变异组计划的启动，在全球范围内已广泛开展关于基因功能以及基因序列变异与疾病关系的探索。目前已发现众多与肥胖相关的候选基因，其主要通过影响机体对能量的吸收和消耗以及脂肪细胞对脂肪的存储等，影响肥胖的发生、发展。如瘦素（leptin）及其受体基因可向下丘脑饱食中心传递肥胖信息，调整能量平衡。促生长激素受体（GH secretagogue receptor，GHSR）基因与食物的摄入和体重调节有关，GHSR损伤的转基因鼠体重较轻且脂肪组织较少；人血清生长激素水平与BMI呈负相关性。黑皮质素4受体（melanocortin-4 receptor，MC4R）参与食物摄入和能量调节，小鼠敲除MC4R受体后代谢速率降低，表现为贪食；MC4R的基因多态性位点I103能降低48%的肥胖危险，与BMI具有显著的负相关性。神经肽Y（neuropeptide Y，NPY）及其受体（NPY2R）可调节食物摄入及体重控制，NPY2R缺陷小鼠会发展为中度肥胖。褪黑激素（melatonin）在2型糖尿病的发展过程中具有重要作用。此外，β_3肾上腺素受体基因、解偶联蛋白基因、胰岛素诱导基因2、Ghrelin及受体基因等也与成人和儿童肥胖有关。

2. 营养因素

营养因素包括不合理的膳食结构和不良的饮食，导致能量摄入过多，超过机体需要，剩余部分转化为脂肪储存于体内从而导致肥胖。

（1）不合理的膳食结构：食物是能量的来源，各种食物的营养成分不同。膳食结构搭配不合理，是导致机体能量失衡的根源。2004年与1991年比较，我国6～17岁学龄儿童青少年植物性食物摄入量减少，其中谷类食物摄入量平均每天减少约90g，根茎类食物平均每天减少约30g；动物性食物消费量升高，牲畜肉类平均每天增加约20g。糖类化合物提供能量的比例从1991年的67.8%下降至2004年的59.8%，脂肪提供能量的比例从1991的20.3%提高到2004年的27.8%。膳食结构的改善，在某种程度上对于我国儿童青少年生长迟缓、低体重率的降低及超重、肥胖率的升高有一定的影响作用。《中国居民膳食指南》（2007）中《中国居民平衡膳食宝塔》建议，中国学龄儿童青少年每日理想摄入的食物种类和推荐量：①米面250～400g；②鸡蛋1个；③牛奶300ml；④大豆及其制品50～75g；⑤新鲜蔬菜300～500g、水果250～400g；⑥肉类鱼类100～150g；⑦食用油15g。

（2）不良的饮食习惯：不良的饮食习惯环境因素是肥胖发生的主要危险因素，主要包括经常不吃早餐、经常吃西式快餐、经常喝含糖饮料、经常在外就餐、经常吃不健康零食、经常夜间加餐、经常吃油炸食品等。

1）不吃早餐：每天吃早餐是世界卫生组织倡导的一种促进健康的行为。早餐在全天的能量供应和营养素摄入中占有重要地位，可占全天总能量摄入的25%～30%。不吃早餐会使中枢神经系统受到空腹刺激，饥饿感使儿童在午餐中超量进食而引起肥胖。长期不吃早餐或早餐质量差，会影响到儿童的认知能力、学习成绩及生长发育。有研究显示，不吃早餐的儿童超重、肥胖的发生危险是每天吃早餐儿童的 1.75 倍。一顿健康营养的早餐应该包括谷类、动物性食物、奶及奶制品、蔬菜和水果 4 类食物。

2）经常吃西式快餐：西式快餐含有较高能量，脂肪含量高、膳食纤维少，被认为是超重肥胖发生的重要因素之一。有研究表明，平均每月吃 3 ～ 4 次西式快餐的儿童肥胖率高于平均每月吃 1 ～ 2 次的儿童。调查显示，过去 1 个月吃西式快餐多于 1 次的学生其超重风险是少于 1 次学生的 1.75 倍。也有研究表明，经常吃西式快餐（平均 3 ～ 4 次 / 周）儿童肥胖发生的风险是少吃（平均 1 ～ 2 次 / 周）西式快餐儿童的 2.5 倍。

3）经常喝含糖饮料：饮用 1 瓶（500ml）可口可乐可约摄入 215 千卡热量，相当于 1 名 10 岁儿童每天推荐摄入总热量的 11%。美国 1978—1998 年期间青少年饮料消耗量猛增，男孩从平均每天 502ml 增至 887ml，增加了 76%；女孩从每天 473ml 增至 680ml，增加了 44%，饮用含糖饮料成为美国儿童肥胖蔓延的直接原因之一。我国 2005 年城市青少年健康危险监测显示，约 47% 的大城市青少年天天喝软饮料，8.9% 的男孩和 4.5% 的女孩口渴只喝饮料，不喝白开水。有研究表明经常饮用含糖饮料者发生肥胖的风险是经常喝牛奶者的 1.46 倍。当前，已有随机对照试验荟萃分析证实喝含糖饮料会增加肥胖及肥胖相关并发症的发生。

4）经常在外就餐：近 20 年来，美国中小学生在学校、饭店、快餐店的就餐能量摄入量占日摄入量的比重从 18.0% 增至 33.5%。以 1977 年为参照 100%，1995 年在学校午餐降为 87%，在饭店就餐增至 208%，以快餐方式就餐增至 172%。我国伴随着人们生活节奏的加快，在外就餐逐渐成为常见的就餐形式。然而在外就餐油炸食品较多，所含能量较高，维生素和膳食纤维等营养素缺乏，在外就餐已逐渐成为世界各国儿童肥胖流行的一个重要原因。

此外，经常吃不健康零食、睡前进食、吃油炸食品均可导致大量能量的摄入，引起肥胖。

3. 身体活动

身体活动是指由于骨骼肌收缩导致的明显地增加能量消耗的各种活动。儿童青少年的身体活动包括体育锻炼、课外活动以及上下学、家务和其他时间消耗能量的各种活动，如走路、游戏、上下楼梯等。规律的身体活动有利于儿童青少年的心、肺、肌肉、骨骼健康，有利于改善心血管和代谢健康及优化身体成分，同时可缓解紧张和抑郁，促进心理健康。当前，儿童青少年身体活动严重不足，Hallal 等对 105 个国家 13 ～ 15 岁儿童青少年的身体活动水平分析发现，儿童青少年每天中、高强度身体活动不足 1 小时的比例为 80.3%，男孩每天中、高强度身体活动不足 1 小时的比例高于 80% 的国家占 53%，女孩不足 1 小时比例高于 80% 的国家为 100%。我国 9 ～ 19 岁汉族儿童青少年平均每天锻炼 1 小时以上的比例仅占 22.7%。儿童青少年身体活动不足主要表现在看电视、玩游戏、做作业、交通工具的使用等方面。欧洲的一项队列研究证实，儿童平均每天看电视的时间增加 1 小时，肥胖率增加 1% ～ 2%，从坐车上学改为徒步或骑车的比例每增加 15%，超重率和肥胖率分别减少 3% 和 1%。在美国，平均每天看电视高于 5 小时的儿童发生超重、肥胖的危险是每天低于 2 小时儿童的 5.3 倍。我国 2005 年青少年健康危险行为监测结果显示，我国城市中小学生中有 33% 每天做课外作业的时间高于 2 ~ 3 小时，男孩 16.1%、女孩 17.4% 高于 4 小时。一项前瞻性研究发现，每天增加 15 分钟中等及以上强度的体育活动时间可以使其在 14 岁时体脂减少约 11%（约 1kg），12 岁时体育运动总时间增加 20% 可使其 14 岁时体脂减少约 5%（约 500 g）。专家认为，体力活动比膳食控制更重要；日常活动（上下学、走楼梯、做家务）比有氧锻炼更有效；一般活动性游戏比运动竞赛的能量消耗作用更明显；应鼓励所有儿童尽量多活动；青少年则可将有氧运动作为减肥手段，因为强度中等、节奏感鲜明的运动氧化消耗脂肪量最高，可起到控制肥胖、促进生长发育、预防成年期心脑血管病等多重作用。

4. 社会经济文化因素

社会经济的发展和城市化进程使人们的生活方式发生改变，如食物的丰富改变了人们的膳食结构和摄入水平，久坐和以静代动的生活方式使人们的体力活动消耗减少，使得肥胖发生的危险增加。而在我国，传统文化和习俗观念认为“胖就是福”“孩子胖了说明健康”等依然发挥影响，特别是对于男孩。现代商业社会中，大众传媒特别是电视媒体的食品广告极大地影响儿童及其父母对于食品的选择，而其中大部分食品为高糖、高脂和高盐食品，过多消费购买此类食品将导致肥胖的危险增加。

家庭社会经济状况包括经济收入、教育程度、职业和居住环境等也与肥胖发生率相关。发达国家中，社会经济地位较低的家庭儿童肥胖率明显高于社会经济地位较高的家庭，而发展中国家则刚好相反。原因是发达国家低收入家庭营养知识缺乏，一般购买较廉价的“高脂”食物而较少购买较昂贵的蔬菜水果，也无力支付健身费用。发展中国家中随经济收入的增加，富裕家庭往往摄入较多的肉类等食物，而不愿意从事体力劳动。此外，父母的饮食行为习惯也可对儿童造成影响。如父母使用在外就餐（如西式快餐店）或某种食物作为奖励手段，使进食成为心理性奖励从而可能增加儿童超量饮食的危险。

肥胖的筛查和诊断标准

肥胖的筛查可以通过身高标准体重法和基于体质指数（body mass index，BMI）的标准来判定。身高标准体重法被 WHO 认为是评价 0 ~ 6 岁儿童肥胖的最好指标，其采用身高作为基准，同身高儿童体重的 80 百分位数为该身高人群的标准体重，超过该标准体重的 20% ~ 29% 为轻度肥胖，30% ~ 49% 为中度肥胖，50% 以上为重度肥胖。6 岁以上儿童身体形态变化明显，身高和体重的关系变化幅度也随之变大，故该标准不再适合 6 岁以上儿童，而年龄 - 性别 -BMI 标准比较合适。BMI 作为间接反映体脂的理想指标，在不同年龄、性别、成熟度及身材等方面均有良好的分辨能力，因此，使用该指标建立的标准能进行跨时段（趋势）比较和跨人群（现状）分析。而肥胖的分型（中心型肥胖和外周型肥胖）可以通过腰围界值点来区分。

筛查出的肥胖者需通过诊断才能确定，而目前国内外尚无统一的诊断标准，各国试行中的或正在制订的标准核心指标为体脂率（body fat percentage）。

以下将对筛查和诊断肥胖过程中使用的指标做简要介绍。

1. BMI

BMI 与体脂率有强相关，能敏感地反映身体充实度和体型胖瘦，受身高干扰小，是目前广泛应用的反映营养状况的指数。其计算方法为体重（kg）除以身高（m）的平方。由于各国种族和遗传背景的差异，基于 BMI 的超重肥胖标准不一。中国肥胖工作组（Working Group on Obesity in China，WGOC）于 2005 年制订《中国学龄儿童青少年超重肥胖筛查 BMI 分类标准》（即 WGOC-BMI 标准），如表 1-1。

表 1-1 中国学龄儿童青少年 BMI（kg/m^2）超重 / 肥胖筛查标准

年龄（岁）	超重		肥胖	
	男生	女生	男生	女生
7 ~	17.4	17.2	19.2	18.9
8 ~	18.1	18.1	20.3	19.9
9 ~	18.9	19.0	21.4	21.0
10 ~	19.6	20.0	22.5	22.1
11 ~	20.3	21.1	23.6	23.3
12 ~	21.0	21.9	24.7	24.5
13 ~	21.9	22.6	25.7	25.6
14 ~	22.6	23.0	26.4	26.3
15 ~	23.1	23.4	26.9	26.9
16 ~	23.5	23.7	27.4	27.4
17 ~	23.8	23.8	27.8	27.7
18 ~	24.0	24.0	28.0	28.0

2. 腰围

腰围、臀围及腰臀围比和腰围身高比等指标均可作为腹部脂肪的测量指标，其中腰围指标较常用。采用 WGOC-BMI 标准筛查出的肥胖者根据脂肪组织分布的不同可以分为两类：①脂肪相对均匀分布于全身包括四肢，称为“外周性肥胖”；②脂肪较多堆积在内脏，特别是腹部，称为“中心性肥胖”（或“腹型肥胖”“向心性肥胖”）。2010 年中国肥胖工作组建立腰围界值点标准（即 WGOC-WC 标准）具体见表 1-2。

表 1-2　中国学龄儿童青少年区分中心型 / 外周型肥胖腰围界值点（cm）

年龄（岁）	男生	女生
7 ~	67.8	63.7
8 ~	71.6	66.3
9 ~	75.5	69.2
10 ~	79.1	72.2
11 ~	81.7	74.8
12 ~	83.4	76.8
13 ~	84.4	78.0
14 ~	85.0	78.7
15 ~	85.6	79.1
16 ~	86.2	79.3
17 ~	86.8	79.4
18 ~	87.7	79.5

3. 体脂测定

通过 BMI 标准和腰围标准只能初步筛查出被测者是否超重或肥胖，不能下诊断。目前各国关于肥胖诊断的标准尚不成熟，但使用较多的标准为体脂率指标。体脂率（body fat percentage，%BF）以体成分二分法（将体重看成体脂量和去脂体重两个部分）为根据，其中体脂量占体重的百分比为体脂率，用以评判肥胖程度。测定体脂率的常见方法有双能 X 线吸收法、生物电阻抗法和皮褶厚度法。

双能 X 线吸收法被认为是诊断儿童肥胖的金标准，但存在价格昂贵、操作复杂、安全性考虑等问题，应用较少。

生物电阻抗法是目前比较受公认的能有效估测体成分的方法之一，优点明显，简便、容易操作、成本低廉、无创伤性、受试者配合度高。所测指标为电阻抗（R），电容抗（C），结合儿童的身高、体重、性别等指标通过一定的公式推算出瘦体重量（FFM）。缺点是结果容易受受试者饮食、体位、体温、体内水含量和运动等多种因素影响，需严格控制，且目前利用生物电阻抗方法推导体成分的公式尚未统一。

皮褶厚度法以测量局部皮褶厚度为基础，间接估计体脂肪含量。其与全身脂肪含量相关性较高，在人体测量基础上推算体成分。目前应用最多的是以肱三头肌，肩胛下角处皮褶厚度为基础进行估计，适合于大样本人群调查。其缺点为受影响因素较多，皮下脂肪含量与全身脂肪含量的关系与性别、年龄、脂肪堆积量及测量技术高低均有关。

第二部分　学校开展学生肥胖控制和健康促进的意义和策略

学校是开展学生肥胖控制和健康促进的重要场所

健康促进是“促使人们维护和改善自身健康的过程”，是指运用行政或组织手段，广泛动员和协调社会各相关部门以及社区、家庭和个人，使其履行各自对健康的责任，共同维护和促进健康的一种社会行为和社会战略。在学校内，校内所有成员为保护、促进学生的健康而共同努力，为学生提供完整、有益的经验和知识体系，创造安全、健康的学校环境，提供适宜的健康服务，动员家庭和社区更广泛地参与，以促进学生健康。

学校是对学生进行肥胖控制和健康教育与促进的最适宜的场所，在学校开展的肥胖控制和健康促进工作，不仅会影响整个家庭的健康观，而且最终还有利于形成良好的社会健康风气。学校健康教育和健康促进早已被认定为公共卫生领域的关键预防策略。学校对于开展学生肥胖控制和健康促进举足轻重，其重要性及特殊性主要体现在以下几个方面：

1. 学校有数量庞大的受教育群体

据 2012 年全国人口统计，我国约有 2.15 亿在校学生，其中小学生 0.97 亿，初中生 0.48 亿，高中生 0.25 亿，中等职业学校学生 0.21 亿，大学生 0.24 亿，约占总人口数的 15.9%。学校健康教育是公民素质教育的重要组成部分，也是学校素质教育的重要内容。

2. 学校学生处于生长发育的特殊时期

在校学生处于生长发育的特殊时期，这一时期儿童青少年的身体和心理都发生着巨大的变化，而又未完全成熟。青春期也是体内脂肪组织生长发育的关键时期，儿童和青少年时期的肥胖如果不加以控制，很大可能会发展为成年期肥胖，并埋下多种成年期慢性疾病发生的隐患。因此，抓住这一关键时期进行干预，开展肥胖控制和健康促进非常重要。

3. 学龄期是健康生活方式的信念和行为形成的关键时期，并可使受教育者终身受益

学龄期儿童正值行为和价值观念形成的时期，可塑性大，模仿能力和接受能力强，因此，要在学校对其进行全面系统的健康知识传播并培养健康生活方式，包括良好的膳食习惯、运动爱好及良好的作息方式等。这些健康信念和行为的形成不仅有利于控制肥胖，同时也是学生健康促进的一个方面，与健康促进的很多措施是相通的。儿童青少年如果在学生时代就能形成健康的生活方式，将会对他们的一生产生深远影响。

4. 学校具备完整而系统的教学体系、手段、资源和环境

教育与健康相辅相成，学校具备完整而系统的教学体系、手段、资源和环境，为儿童青少年提供了获得健康知识的最佳平台，健康教育的目标、内容可与其他教育相结合，使健康教育得到最好的实施。同时学生身心健康也是教育成功的保障。

5. 学校健康教育的结果可以影响家庭和社会

学生可以将学校课堂上学到的肥胖控制及促进健康的知识带回到家庭，向父母和家人传授，提高家庭成员的健康知识水平，促进其行为改变，进而影响社区、社会，促使更大范围的人群形成良好的健康行为和生活方式，形成良好的健康社会风尚。同时，学生是未来的居民、未来的母亲，未来各阶层的领导者和决策者，从长远来看，学生对于健康的知识、态度和行为习惯，对整个民族和国家的健康水平都将产生影响。在学生中开展肥胖控制及健康促进的相关工作，对提高全民素质和推动社会发展具有相当重要的意义。

学校学生肥胖控制和健康促进的相关理论

为促进健康行为，改变影响健康的危险行为，国外健康心理学家不断提出和构建了很多健康相关的行为理论。肥胖控制和干预也在理论导向下不断发展。如认知理论、健康信念模式、计划行为理论、阶段转变理论、社会认知理论等，大量研究在个体层面开展了很多工作。另外一方面，个体的行为发生在一定的环境中，受到自然和社会环境的影响，因此，也必须考虑这些因素的作用。在这一要求下，社会生态学模型也越来越受到关注。

1. 认知理论

认知理论是指人们在感知信息、认同信息内容、产生行为意愿，并具备相应技能后，行为才能得以实现。健康教育中的“知 - 信 - 行”模式即为其实质应用。只有当人们了解了相关的健康知识，建立了积极、正确的信念和态度，才可能采取有益的健康行为，避免和改变影响健康的危险行为。

如要使肥胖儿童改变不良饮食习惯、加强锻炼，首先要使儿童了解肥胖的危害、良好饮食和锻炼的益处，以及如何建立良好饮食习惯和如何锻炼的方法，在这一知识的基础上，肥胖儿童才会形成肥胖有害于健康的信念，对减重持积极态度，并相信自己有能力控制体重，最后才会采取行动减重。

2. 健康信念模式

健康信念模式中认为人采纳的行为由其所持的一系列态度、信念决定。其框架中的基本要素有：对疾病威胁（易感性和严重性）的认知，对采取健康行动所付出的代价和收益的认知，对自我能力的评价和判断（自我效能），对其他诱发因素的觉察及其本人的社会人口学特征。

例如，肥胖儿童从校园宣传栏和海报上看到有关肥胖控制的信息（提示因素），使他想到自己需要减重。他想到上健康教育课时得知肥胖可能对身体造成的危害，同时他知道自己的长辈也患有相关高血压、糖尿病等慢性疾病，自己将来可能也容易患相关疾病（对疾病易感性的认知），因此，他充分认识到必须十分关注自己的肥胖问题（对疾病严重性的认识），他知道如果改变饮食习惯，坚持体育锻炼，将有助于减重和促进健康（对行动收益的认知），但是也感到在繁重的课业负担中抽时间去锻炼不容易，体育锻炼累，蔬菜不如高脂类食物好吃（对行动障碍和代价的认知），他权衡了利弊，相信自己有能力去减重控制肥胖（自我效能），并采取了相应措施。

3. 计划行为理论

计划行为理论是在合理行动理论基础上发展的。认为人们的行为除了取决于人们采纳某种行为的意向或意愿强度，还取决于其对个人因素和外在因素的控制能力。当个人对自身的控制能力有信心时，更有助于行为意向转化为行为。

4. 社会认知理论

社会认知理论是操作条件、社会学习理论和认知心理学的整合。班杜拉提出人、行为、环境因素之间的相互作用、彼此决定，即“交互决定论”。人的因素包括思维、认知、情绪和生理等。行为因素包括技能、频率、强度和时间。环境因素包括社会准则、社区资源、家庭设施和他人的影响。

结果预期和自我效能被认为是社会认知理论的重要组成部分。结果预期指对某一特定行为可能产生结果的判断，如“只要我坚持锻炼，体重就能保持正常”。自我效能指对自身有能力完成任务并达到预期结果的信念，如“我坚信我的体重会减轻到正常”。人们如果感到能够成功地完成某种行为，他们参与这种行为的可能性就会增加。成功的经历、榜样、言语劝阻以及情绪和生理唤醒将影响自我效能。

5. 社会生态学模型

社会生态学模型总结分析了影响人们健康的自然环境和社会经济因素，Urie Bronfenbrenner 将个体外在因素划分为 4 个系统，即：微小系统、中间系统、外部系统和宏观系统。微小系统指儿童直接生活的环境，包括家庭、学校、同伴及社区。中间系统是指家庭、学校、同伴及社区等微系统之间的联系与相互关系，如父母与学校老师合作的情况、同伴群体相处的影响等。外部系统是指儿童未直接参与，但对其产生影响的因素，如父母的工作、学校环境、大众媒体、社区资源及卫生保健服务等。宏观系统存在于以上 3 个系统中的文化、亚文化和社会环境（包括文化、习俗、历史、政治、法律、社会阶层及时事等）中。

McLeory 等的研究提出（图 2-1），生态学模型主要通过 5 个水平影响个体健康促

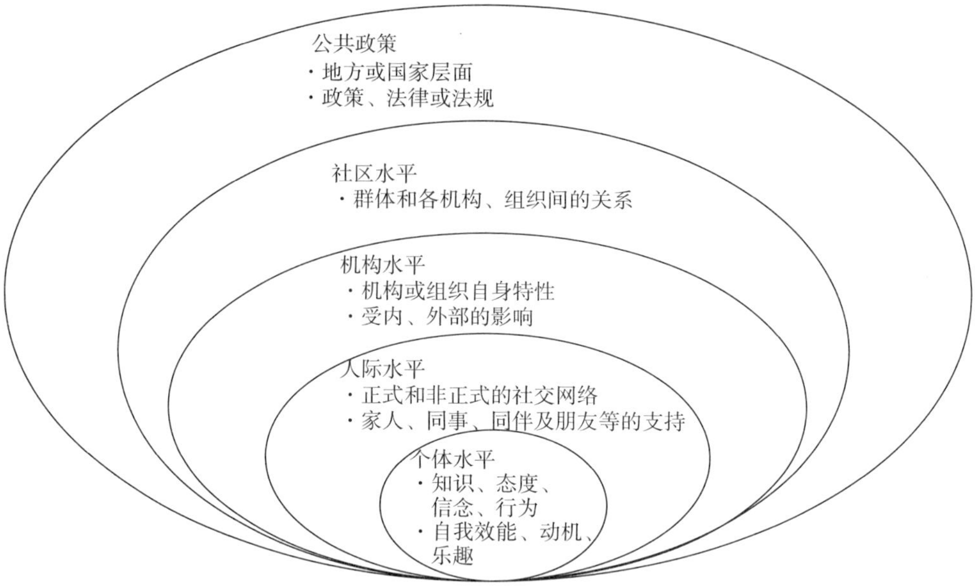

图 2-1　生态学模型示意图

进，即：个体水平、人际水平、机构水平、社区水平和公共政策。个体水平包括与被试者相关的变量，如知识、态度、信念、行为、自我效能、动机、乐趣等；人际水平包括家人和同伴、朋友的社会支持；组织水平包括组织（如学校）的规章制度，以及组织受到内外部的社会和物理的影响；社区水平关注相关群体和组织间的关系；公共政策由地方和国家政府通过制定法律法规和政策实施影响。

生态学模型的重要假设是，建立在多层面上的干预会比单层面的干预有效得多。近年来生态学模型在健康促进中的应用迅速发展，它在肥胖控制和干预中具有重要意义。以理论为导向，可以在个体、家庭、学校、社区乃至政策层面对学生肥胖进行干预。具体而言，对于个体水平，可以通过健康课、体育课、宣传手册、行为日记等使儿童学习体重控制知识，明晰自身体重状况，培养增加体力活动和减少高脂食物摄入的技能，培养为自己和家人选择食物的技能，以及根据建议的运动、饮食方案设定目标、自我监督和达到目标。对于家庭水平，可以通过校医开展家长健康讲座，分发家庭宣传手册，使家庭成员获得正确的健康知识，对儿童减重和保持正常体重给予情感和物质支持，并增加家庭体力活动 / 运动时间，减少静坐 / 屏幕时间，以及购买、烹调健康食品。对于学校水平，可通过开发领导制定相关肥胖控制政策，培训校医开展肥胖控制健康教育，组织和实施各项干预活动，培训体育教师对学生进行运动方面的健康教育和运动技能训练，教授适宜的家庭体育锻炼方法，并保证体育课运动时间，建立学校午餐营养配餐制度，保证充足与安全的体育设施和场地，利用校园黑板报、广播等进行肥胖控制宣传，以及限制学校小卖部售卖不健康商品等。对于社区水平，通过开发领导、社区宣传海报、社区医生健康教育、学校与社区的合作等实现。在政策层面，个体研究者可做的甚少，可观察和报告不同政策地区的肥胖发生与干预效果差别，供行政决策者参考。

学校开展学生肥胖控制和健康促进的工作策略

以健康促进的行动纲领为基础，在学校开展肥胖控制与健康促进的工作策略有：

1. 转换办学理念

教育行政部门及学校领导和教师都需要转换办学理念，充分理解健康与学习的相辅相成性，树立“健康第一”的理念，动员全校师生员工追求健康，并以促进学生身心健康发展作为己任，将为社会培养健康的人才作为首要目标，而且需要将这一理念体现在具体的政策制定和行动中。

2. 制定相关政策

与简单的健康教育不同，肥胖控制与健康促进的真正开展首先需要学校主要领导者从政策（规章、制度）层面对学生的健康给予高度重视，要根据学校的实际情况适时制定肥胖控制及健康促进的相关政策，并出台具体的、可操作的实施方案。例如，不许在校园内喝含糖饮料、学校食堂或者学校营养午餐的卫生管理规定、有关运动时间的规定等。

3. 学校内多部门协调

肥胖控制和健康促进工作的顺利开展首先需要学校领导的支持，在学校领导的协调和主持下，校内多个部门（思想品德教育部门、体育组、校医/保健教师、班主任、任课教师、后勤膳食负责部门等）共同应对师生所面临的健康问题。由于现阶段学生面临的肥胖问题愈发严峻，其他健康问题也变得多样化和复杂化，单纯依靠卫生部门或学校保健部门的工作是无法妥善并有效地解决肥胖等健康问题的。

4. 学校、家庭、社区乃至社会的全面参与

学生是学校和家庭之间的纽带，学校传授的健康知识可以通过学校传播到家庭，而家庭是社区的一个组成单位，如果肥胖控制和健康促进工作能达到学校、家庭和社区的全面参与，将会对整个社会起到良好的循环影响。社区相对充足的卫生资源能够为健康行为的形成提供良好的条件。例如，社区医疗卫生机构在学生超重肥胖控制及健康促进方面的人力和技术资源、社区中的运动设施、社会上商业和企业机构的资金来源、非政府组织和社区服务志愿者资源及学生家长资源等等。如果在肥胖控制和健康促进工作中能够充分利用这些资源，可以使学校的肥胖控制和健康促进工作取得更加有效的进展以及更加持久的发展，最终最大限度地遏制肥胖流行的趋势，促进学生群体的健康。

5. 融合学校其他工作开展

肥胖控制和健康促进工作需要学校在教学管理、卫生膳食和人才培养等方方面面始终考虑到“是否会对学生健康构成威胁”或者“是否有利于学生的身心健康发展”等问题。因为学生的健康素养实质是素质教育的重要方面，应该将其与现有的教学内容、教学方式和教学工作有机并紧密地结合在一起，融为一体，不应将健康促进和肥胖控制作为学校的额外负担，方能真正做到控制肥胖和促进健康。

学校开展学生肥胖控制和健康促进的目标和任务

为贯彻落实2007年中央7号文件《中共中央国务院关于加强青少年体育增强青少年体质的意见》精神，2008年教育部颁布了《中小学健康教育指导纲要》、2011年卫生部颁布了《中小学健康教育规范》（GB/T18206-2011）作为国家标准。要求培养儿童青少年良好的健康意识与公共卫生意识，提高学生的健康素养，培养学生保持和增进健康的态度与实践能力，为他们一生的健康打下坚实的基础。规范提出了中小学健康教育内容的5个领域：健康行为和生活方式、疾病预防、安全应急与避险、心理健康、生长发育与青春期保健。健康教育根据儿童青少年生长发育的不同阶段分为5个不同的水平进行。与肥胖预防控制的相关内容见第三部分的“培养学生获得肥胖控制和健康促进的个人生活技能”。

学校开展学生肥胖控制和健康促进的主要任务即是采取各种积极的措施，通过培养和教育学生、改善学校内外环境条件、与家庭和社区良好合作等，减少和控制影响儿童青少年肥胖的各种危险因素，以达到控制学生肥胖、增强学生体质、促进学生身心健康发展并为个体的终生健康奠定基础的目的。

1. 培养健康生活方式

健康促进的根本方法之一是健康教育。学校通过课堂和非课堂教育，向学生系统地传授预防肥胖相关的健康知识，培养和引导学生采纳健康的生活方式，养成良好的健康行为习惯，提高健康素养。

2. 预防和控制肥胖，提高身体素质

预防和控制肥胖，提高身体素质是干预的直接目的。肥胖是影响儿童少年健康的重要问题和常见问题，近年来我国儿童肥胖率迅猛升高，因此，预防和控制肥胖是关乎国民未来健康的重要问题。

3. 促进心理健康

学龄期也是儿童心理发展成熟的重要时期。肥胖儿童少年常伴随各种心理行为问题，同时儿童的不良情绪问题和健康危险行为也可能会导致肥胖等身体问题。预防和控制儿童肥胖，学习相应的生活技能可以提高儿童的社会适应能力和生活质量，促进和保护学生的心理健康。

4. 为师生员工提供良好环境，创造健康生活氛围

学校通过开发利用各种资源、改善教学条件、完善各种教学和生活设施，创造肥胖控制和健康促进的环境，如配置安全清洁的饮水设备、改建体育运动设施、提供平衡膳

食等，可为全体师生员工提供良好的学习和工作环境，创造健康的生活氛围。

学校开展学生肥胖控制和健康促进的教育形式和方法

学校健康教育是学生肥胖控制和健康促进的基本方法和主要内容。通过教育培养学生的健康意识与公共卫生意识，使学生掌握必要的健康知识和技能，从而促进学生养成健康的行为和生活方式。学校健康教育是学校教育的组成部分，可通过多种多样的健康促进活动，全面向学生生活渗透。其形式主要有：

1．学校开设健康教育课程。通过各种教育方法，包括传统的课堂教育和参与式的健康教育方法如小组讨论、角色扮演、案例分析、同伴教育等，传授健康知识，激发学生的思考和兴趣，提高学习效果。除了独立的健康教育课外，学科之间也应相互渗透，把健康教育融入学校多门学科的教学过程中。《中小学健康教育规范》要求学科教学每学期应安排 6 ～ 7 课时，以《体育与健康》作为载体课程，在其中无法渗透的，应该利用综合实践活动和地方课程时间，采用多种形式向学生传授健康知识和技能。

2．多种形式的健康教育活动。形式多样的健康教育活动是课堂教育的重要补充和延伸。学生通过亲身参与，可将课堂教育的内容与实践活动有机地结合起来，如学校肥胖预防控制专题广播、视频教育；健康教育宣传栏与墙报、海报和黑板报等进行肥胖预防控制主题宣传；分发肥胖与健康专题宣传手册；邀请专家和专业人员进行肥胖预防控制的专题讲座；在各种与健康相关的节日，如 4 月 7 日世界卫生日、5 月 15 日国际家庭日、5 月 20 日中国学生营养日、6 月 1 日国际儿童节、11 月 14 日世界糖尿病日、11 月 20 日国际儿童日等进行健康知识竞赛、演讲比赛、绘画 / 征文比赛等；开展课外体育活动小组、运动会、趣味运动会，以及针对超重肥胖儿童的体育活动小组；开展健康咨询，特别是对超重肥胖儿童的健康咨询和指导等。

3．与家庭、社区相结合。通过分发健康倡议书和健康专题宣传手册，利用家长会进行健康知识讲座等，提高家庭健康素养，取得家长配合，从而促进儿童健康成长。组织学生参加社区健康宣传活动，或者社区卫生服务活动，了解与肥胖相关的慢性疾病和预防知识。

4．其他方法。随着现代信息技术的发展，一些新的方法也开始应用，如通过网络进行儿童肥胖教育，学习相关知识，或个性化记录饮食和体重等，督促儿童采纳健康生活方式。也可通过手机短信或“校讯通”等推送健康知识要点，创造学校和家庭的健康生活氛围。此外，学校应充分利用电子、印刷等大众媒介，如鼓励学生订阅健康相关报刊、杂志，组织收听收看健康广播、电视、科教电影，参观健康科普展览等。可将大众媒介的宣教内容和学校当前的健康教育活动紧密结合，以取得更大实效。

在健康教育课教育方法方面，目前也正从传统的课堂教育向参与式为主的教学模式转变。这些方式学生多喜闻乐见，能激发学生主动参与的热情，避免被动灌输和消极应对。这些教育方法主要有：

1．小组讨论：让学生围绕一个或几个问题，以小组形式进行讨论或辩论。鼓励每个人坦诚发表意见，并倾听别人见解，以激发不同观点的自由交流，分享信息与经验。小组主持人和记录员均由学生担任，讨论后以小组为单位，由代表向全班汇报，最后由教师进行总结、评议。

2．角色扮演：按事先准备的脚本，让几位学生分别扮演不同角色，再现生活情景，使扮演者和观众受到感悟和启发。角色扮演重视参与者的即兴发挥和表达真实感受，有利于调动学生的兴趣和能力，促进其态度、信念和价值观转变，同时能培养彼此间的交流及合作精神。如 A 扮演校医，B 扮演家长，两人列举肥胖的危害和健康生活方式的益处，帮助喜欢喝甜饮料、不愿参加体育锻炼的学生 C 改变不健康的行为习惯。

3．案例分析：采用真实事件或假设案例，例如描述一位“小胖墩”因没有克服困难积极减重导致了糖尿病的提前发生并致残的经历。鼓励学生根据现有知识、技能和经验，积极思考，讨论交流，使学生通过对案例的学习，巩固知识，掌握解决问题的正确方法。案例尽量采用有代表性的真实事件，能激发学生兴趣，但也要注意不要泄露个人隐私。教师小结时要注重培养学生解决问题的能力，同时应指出存在的问题，肯定学生的各种积极建议。

4．头脑风暴：请学生在短时间内就某个问题进行迅速思考并立即作答，教师可在黑板上分类记录，鼓励学生说出尽量多的答案。教师通过小结使各位学生分享各种观点。此方法适合儿童青少年活泼好胜、思维敏捷的特点，能创造参与气氛，引发兴趣，集思广益，提高学习效率。

5．同伴教育：利用儿童青少年的趋众倾向，首先从群体中挑选出一些有影响力和号召力的人进行培训，使之掌握一定的知识和技能，然后鼓励他们向其同伴传播这些知识和技能。同伴教育利用同伴压力的积极因素，使更多人能在较短时间内，用自己愿意的方式相互学习和交流，达到共同受教育的目的。同伴教育活动形式多种多样，可以是正规的有目的的培训活动，如通过小组讨论、游戏和角色扮演等进行，同伴教育者以教育者的身份出现，也可以是非正规的，可在朋友、社会群体和网络中进行。同伴教育者以同伴的身份告诉朋友自己学到的某些内容或问题，这些话题往往没有事先的组织或计划，可以从某个特定的问题开始，在任何合适的时间和地点进行（如午餐时、放学后、聚会时、宿舍、家里等）。同伴教育对敏感问题尤其有效。选择同伴教育者，最好应得到伙伴们的公认和信赖，而不要根据教师自身的喜好。

6．示范：通过对某些具体行为技能的示范演示，让学生亲自练习，以加深对内容的理解，掌握相关技能。示范能使教学过程更生动、具体，能增加学生的兴趣和效率。

7．游戏和活动：采用一些游戏和活动，配合一些视听手段如音乐、戏剧、舞蹈等，激发学生兴趣，促进思考，调节气氛，寓教于乐。游戏 / 活动应与主题直接相关，发动尽量多的学生参加，结束后应有小结。

8．生活技能：生活技能是指青少年的心理社会能力，是指“人能有效处理日常生活中的各种需要和挑战的能力；是个体保持良好的心理状态，并且在与他人、社会和环境的相互关系中，表现出适应的、积极行为的能力”。生活技能教育是一个教育途径，它通过教与学的互动，帮助儿童青少年通过学习，自觉确定有责任感的行为，获得良好的抵御压力的能力，使有害行为的危害降低。生活技能可概括为 10 种能力：自我认识能力、同理能力、有效交流能力、人际关系能力、调节情绪能力、缓解压力的能力、创造性思维能力、批判性思维能力、决策能力、解决问题的能力。在我国，生活技能教育已被广泛应用在健康教育、疾病和伤害预防、学校心理教育等多方面。肥胖预防生活技能教育有助于儿童青少年防治肥胖相关疾病及心理情绪障碍，促使其提高健康素养，为维护其终身健康奠定基础。

学校开展学生肥胖控制和健康促进的优势

在学校开展学生肥胖控制和健康促进的优势主要体现在以下几个方面：

1. 秉承现代健康理念

既强调改善学校卫生物质环境（如建筑、卫生设施、清洁水、运动场地等），又重视形成优良的健康校园风尚与和谐的人际关系，追求现代健康理念“躯体、心理、物质环境及社会环境方面的完好状态”，不仅为肥胖预防，也为促进学生全面身心健康和社会适应提供有力的保障。

2. 干预的全面性

学校开展肥胖控制和健康促进工作不应仅局限在健康教育课程设置中，还需要通过多样化的健康教育和前述提到的各种健康促进活动帮助学生控制肥胖，并树立正确的健康信念，养成健康的生活行为和习惯。这些全方位的干预措施能促进家庭的介入，促进社区卫生保健服务与学校的紧密联系，进而全方位地提升和促进学生的身心健康。

3. 参与人员的广泛性

在学校开展肥胖控制和健康促进工作，不仅促进学生参与、发展与终身健康相关的知识技能，还涉及全体师生员工、全体家长和学校所在社区的成员。学生健康体重保持等健康意识及健康习惯的养成，需要在家庭和学校等日常生活中经常性地强化。鼓励家长参与学校组织的肥胖控制和健康促进活动，加强学校、家庭和社区三方合作，可为培养全体学生的健康生活行为提供优良的支持性环境和氛围。同时也有利于起到“小手拉大手”的作用，学生也可以将相关健康信息带到家庭和社区。

4. 实现政府部门倡导，多部门合作

政府部门的倡导能促进相关部门加强对学校健康支持环境等各方面建设的投资力度，进而使学生的健康支持等需求得到相应的满足。

学校开展学生肥胖控制和健康促进的工作实践

近年来随着社会的进步、经济水平的不断提高，学生超重肥胖的问题日趋严峻，而随着现代健康观的深入，学生多种健康问题（如心理问题等）也越来越受到重视。面对日趋严峻和多样化、复杂化的学生健康问题，学校卫生相关实践远远不能满足社会发展的需要。1979 年世界卫生组织（WHO）医学顾问委员会首次提出“健康促进”的概念，紧接着在 20 世纪 80 年代国外专家又进一步提出“健康促进学校”（health promotion school，HPS）的概念，并在欧洲若干国家试点，取得成功。1994 年 WHO 西太区开始推动开展“健康促进学校”的工作，并于 1995 年在我国正式启动。从启动至今，在 WHO 的支持及中国教育部、卫生部等相关部门的努力下，我国的“健康促进学校”试点和推广工作取得了较好的成绩。目前在学校场所开展学生肥胖控制和健康促进的工作也大多应用了“健康促进学校”的概念或精神。

健康促进学校是指促使全体学生、教职工和社区成员掌握改善自身和他人健康能力的过程，使学校不但成为培养儿童青少年科学素养、文化素养和道德素养的场所，也成为促进他们生长发育、保护并提升其健康的重要场所。而且，学校应该把为社会培养健康人才作为学校第一追求目标，坚持“健康第一”的理念。

1. 国外的成功行动和经验

“健康促进学校”的概念被许多国家引入，并开展相关项目。现以美国、澳大利亚、欧洲和日本的健康促进学校行动举例，介绍国外开展健康促进学校行动的经验和方式。

（1）美国：美国近几十年来的超重肥胖问题相当严峻，针对学生的肥胖控制和健康促进，其膳食、锻炼和肥胖管理部门在开展相关项目时十分重视学校超重肥胖的控制工作，发起了“加强学校体育锻炼”“步行、骑自行车或轮滑上下学”“限制含糖饮料”“改善学校环境的营养政策”等活动。

1995 年联邦“国家健康教育标准”要求中小学健康教育课每年至少需有 50 个课时。2011 年美国疾病控制与预防中心（CDC）更新了促进健康饮食和身体活动的执行指南，包括：①完善政策与实践；②学校环境；③营养服务；④体育课与身体活动；⑤基于学校的综合性身体活动项目；⑥学校健康服务；⑦家庭与社区的参与；⑧学校教职工的健康促进；⑨专业人员。美国的健康促进和肥胖控制强调协作精神，希望学校场所内的全体师生员工都能为学生健康做出相应的贡献，同时动员家庭、社区和其他专业人士来控制肥胖和促进健康。

（2）欧洲：1991 年，WHO 欧洲办事处在捷克、匈牙利、波兰和斯洛伐克等国进行了“健康促进学校”的试点，专门设立了健康促进学校欧洲网，大大促进了“健康促进学校”在欧洲乃至全球的推广，为在该网络内开展跨国交流与合作提供了相当有利的途径。

欧洲许多国家根据本国或本地区的实际情况选择多种多样的切入点，比如体育运动、预防龋齿、禁止烟草使用、预防艾滋病（即获得性免疫缺陷综合征）及性传播疾病、合理膳食营养、成年期疾病早期预防、健康生活行为方式等，成功地建立了本国或本地区的健康促进学校，同时也为其他国家开展工作提供了宝贵的经验模式。英国的某些地区发展了专职的预防工作人员，进入当地学校以及社区进行各项干预和健康促进活动。

（3）澳大利亚：澳大利亚对基础教育提出 8 个核心领域，“健康与体育”是其中之一。如昆士兰州健康促进学校工作的基本内容包括课程设置、学校组织、社会风气及环境、合作与服务等几个方面。学校开设健康教育课，有计划地教授与学习健康知识，鼓励学生与社区成员共同制订课程计划，逐步将健康主题纳入科学范畴，并根据学校不同时期优先考虑的不同健康问题开展专项活动；倡导采用安全和有益健康的行为，保持良好的人际关系，建立安全的自然环境和健康的学习环境；内容涉及营养与运动、疾病预防、人际关系、行为控制、道路安全等；与卫生服务机构、福利机构和当地社区组织，包括政府和非政府组织形成同盟并共同工作，创立良好的合作关系。学校社区成员参与学校卫生政策及项目的制定和执行，当地卫生部门有义务对学校提供一定的服务和帮助。

在营养与运动方面，“健康与体育”课程目标为让学生获得如下能力：①能从生理学、生物学及社会文化等角度理解运动与健康；②理解食物为人的能量和成长提供营养价值的方式及其对人的生活所起的重要社会作用；③能够掌握有利于健康和成长的饮食结构知识和技巧；④了解和掌握促进人类健康、发展和参加体育活动的各种健康信息、产品、资源和设施。如在学习活动中，要学生品尝食物，与全班同学一起吃午饭，了解不同食物特征及它们是怎样维护健康的；讨论人们选择不同食物的原因、食物的来源以及某种食品是否适合每天食用；比较自己和同伴最喜欢的体育活动；与他人一起游戏与运动；比较自己现在和过去的身高体重以及运动技巧方面的变化，列出现在可以做得更好的事等。

（4）日本：日本有各项法律法规保障学校健康教育与管理，如《学校教育法》《学校保健法》《学校给食法》等。教育途径主要通过中小学保健体育课程、学校特别活动和相关学科渗透。日本大学有培养保健教师的专业，这使得学校健康教育有良好的师资保障。

日本中小学健康教育的特点是：教育目标连贯性强，内容衔接好，课内外学习相结合，注重保健行为和态度的培养，且落实于学校全部教育活动中。日本小学三年级起开始健康教育，健康和饮食方面主要使学生认识健康重要性，理解良好的生活方式，保持膳食、运动、休养及睡眠的协调，教学主要在学校健康诊断、营养配餐等活动中进行。学校健康诊断使学生了解自己的健康状态，发挥其主动性，对自己的健康问题进行查找，并寻求解决方法，从而制订计划，形成健康行为。营养配餐中的内容包括协助值日生准备饭桌、注意清洁卫生、掌握正确的进食方式、不挑剔食物、知道食物有关的功能、餐桌礼仪等。学校教育活动重视从理论到实践，通过解决身边实际问题，逐渐建立良好的态度、行为和习惯。如对肥胖爱吃零食的学生，第 1 周导入阶段，让学生回忆自己前一天吃的零食；第 2 周以甜食过量为例，使其知道摄取太多易引起的疾病；第 3 周让其寻找家中的零食，认识自己的零食环境；第 4 周给家长写一封信，让其设想安排自己吃零食的计划；教师最后通过与家长见面了解学生的行为是否有变化。

2. 我国肥胖控制和健康促进工作的发展

（1）学校健康教育：我国于 20 世纪 90 年代颁布《学校卫生工作条例》，其中第十三条明确规定：学校应当把健康教育纳入教学计划，普通中小学必须开设健康教育课。学校应当开展学生健康咨询活动。

学校健康教育的具体内容以《中小学健康教育规范》为依据，其中规定了健康教育的 5 个领域：健康行为和生活方式、疾病预防、安全应急与避险、心理健康、生长发育与青春期保健。根据学生的年龄段的不同，将健康教育划分成 5 个水平进行。在第一水平上（小学 1 年级至 2 年级）就已开始将合理营养的内容教授给学生。

（2）健康促进学校：我国的健康促进学校建设也跟随时代的脚步，在近十几年间得到发展。1995 年，在 WHO 的支持下，上海、北京等地陆续开展“健康促进学校”试点工作。1997 年，由北京医科大学（现名北京大学医学部）儿童青少年卫生研究所承担、天津市的 4 所中小学参加的“中国 /WHO 以预防艾滋病为切入点发展健康促进学校”项目启动。随后，以控制烟草使用、降低学生肠道蠕虫感染、营养、心理以及肥胖控制等为“切入点”发展健康促进学校的项目陆续启动，范围随之迅速扩大，目前全国 20 余个省市均创立了“健康促进学校”，其中有很多学校已达到了金奖标准。各地创立健康促进学校的积极性很高，这也是学校追求“健康第一”和素质教育的一种体现。

（3）加强体育运动，控制肥胖趋势：体育教育与健康教育及健康促进是两个密切联系不可分割的教育过程。传统的学校体育教学以传授运动技术和达标为主要内容。2001 年，教育部启动新一轮课程改革，颁布了《体育与健康课程标准》，遵循“健康第一”的指导思想，提出运动参与、运动技能、身体健康、心理健康和社会适应 5 个方面的目标，以学生为主体，以培养学生终身体育意识为理念，促进学生健康成长。

而随着目前学生体质状况变化和超重肥胖的流行趋势，学校体育运动的加强成为了迫不及待的需要。2006 年 12 月 20 日，教育部、国家体育总局、共青团中央联合下发了《关于开展全国亿万学生阳光体育运动的通知》，2007 年 4 月 29 日在全国再次全面启动全国亿万学生阳光体育运动。根据 1985—2005 年 20 年来的全国学生体质调研报告，我国儿童青少年的部分体质指标持续下降，超重肥胖率迅速上升，面对学生体质健康状况存在的严峻问题，2007 年 5 月，中央颁布了《中共中央国务院关于加强青少年体育增强青少年体质的意见》（“中央 7 号文件”）。中央 7 号文件强调了国家和政府在加强青少年体育中的重大责任，要求各级政府将加强青少年体育工作摆上重要议事日程，纳入社会发展规划。此后的一系列标准规范如《国家学校体育卫生条件试行基本标准》《中小学生健康体检管理办法》《中小学体育工作督导评估指标体系（试行）》《中小学健康教育规范》等的实行为学校体育卫生工作顺利开展提供了保障。

2014 年 7 月，教育部修订了《国家学生体质健康标准》（简称《标准》），要求各学校每学年开展覆盖本校各年级学生的《标准》测试工作，作为评价学生综合素质、评估学校工作和衡量各地教育发展的重要依据，是激励学生积极进行身体锻炼的有效教育手段。在这一背景下，目前学校肥胖控制与健康促进工作越来越受到重视，但仍存在一些问题。首先，学校肥胖控制与健康促进工作相关管理制度法规不完善，缺乏有效的学校健康教育评价指标体系和相关法规制度，学校健康教育的职能与任务也无明确的界定与规划管理。其次，学校健康促进工作专业机构不健全，配备的健康和体育专业人员数量不足，素质较低，职业晋升和培训渠道不通畅；同时卫生和体育运动设施不完善等也使得学校健康促进工作在技术层面受限。再次，受传统观念影响，各级政府和公众对学校学生健康促进工作依然缺乏普遍认同，在教育系统内部不重视学生健康教育的情况依然存在，使健康促进工作不能适应提高全体学生健康素质战略任务的要求。如何建立鲜明的、切实可行的政策措施，对学校和学生提出要求，督促政府加大投入，鼓励社会各界参与，也是学校健康促进工作目前面临的挑战。

第三部分　学校学生肥胖控制和健康促进的实施

学校学生肥胖控制和健康促进的实施要点

1. 现状分析、确定目标

依据体检资料分析本校学生超重和肥胖患病率，与本地区、国内及国际资料比较，明晰学生超重肥胖问题的严重性；依据问卷调查和专题小组讨论，分析学生超重肥胖的相关影响因素，根据国内外肥胖控制和健康促进的方法和实践经验，讨论可能的预防控制危险因素、促进健康行为因素的方法。

确定在计划的工作周期内，开展学生肥胖控制和健康促进的目标。包括总体目标（控制超重肥胖、促进健康发展）和具体的量化指标（与实施方案结合制订，包括相关行动计划和学校政策落实率、提高学生相关健康知识知晓率、提高健康行为发生率、降低超重肥胖率等）。

2. 动员和工作启动

在现状分析的基础上，学校领导首先具备控制学生肥胖和健康促进的主观意向，了解肥胖控制和健康促进的必要性和重要意义。其次，学校领导需要对全体教职员工进行动员，使他们理解本校肥胖控制和健康促进的意义、内容和要求，以产生共识，形成合力。再次，学校领导应确定项目的责任分工，确定责任领导和责任教师，召开启动会，可邀请教育和卫生部门地区行政领导、校长、教职工、学生、家长和社区管理者代表等参加。

3. 制订实施方案

根据学校学生超重肥胖现状及其影响因素分析，制订尽可能详尽的工作计划和实施方案。明确工作目标、时间安排、活动内容、责任和参与人员、活动要求和监督评估方法。制订实施方案后，应告知全体教职员工，特别是校医（学校保健教师）、体育教师、班主任，以及学生、家长和社区相关组织机构人员，使各方相关人员尽快达成共识，积极参与和落实相关计划和方案。本部分将分别从学校政策、物质环境、社会环境、社区关系、个人技能和健康服务 6 个方面进行阐述。

4. 落实行动计划

具体落实实施方案中制订的每一项行动计划。落实过程中，应结合方案广泛动员，并且培训学生骨干和志愿者如“健康小使者”等，发挥主动性，形成人人参与的氛围；学校要充分利用校园多种宣传媒介创造有利的校园环境；肥胖控制和健康促进工作可与学校日常工作和教育、活动相结合；健康宣教活动除了由本校教师授课，可与地区卫生保健部门或高校学校卫生工作专业人员联系，开设专家讲座；活动应积极争取家长的支持和参与，以保证活动效果；取得社区支持也可保障和促进行动计划的更好落实。此外，在实施过程中要注意做好观察记录，保留活动文件、照片、音频和视频等资料，以便对过程和结果进行评估。

5. 监测和评估

对肥胖控制和健康促进各项活动的开展过程、工作进度，以及实施的近期和中、远期效果都可以进行评价和监督，其目的在于帮助了解各项活动的开展情况，以及进展和效率，以此可及时发现存在的问题，及时进行改进和调整；另一方面可以对活动的效果做出评价，向参加人员反馈肥胖控制和健康促进的结果，向决策者、地区教育或卫生部门报告确定取得的结果，以便进一步争取各方参与者和主管领导的积极参与和支持，同时也可为下一步制订工作计划提出修整意见，为将来提高促进健康等工作能力提供借鉴。

制定学校学生肥胖控制和健康促进的政策

学校健康政策是由学校领导及相关人员负责制定的，能对广大师生健康产生影响的规章制度。学校政策是实现学生肥胖控制和健康促进的根本保障，特别是保障其具体实施和资源调配。制定、健全、完善一系列相关规章制度可使各项工作有据可依，有章可循，为全体师生员工提供清晰可靠的目标依据以及工作的内容和方向，让学生、家长及社区人员了解学校相关工作，同时也有助于工作的监测、评估和总结。

制定学校学生肥胖控制和健康促进政策，应在分析学校学生超重和肥胖患病现况和影响因素分析的基础上，确定工作目标，明确工作内容，并召集、动员和告知校内外各方人员，以达成共识并有助于日后政策的顺利推进。目前，各级教育行政和卫生部门已经出台了一系列学校卫生工作的政策性文件，各学校要从自身的教育、健康和资源角度，进一步制定学校各自的政策策略，建立实施模式和机制，并制订时间表以贯彻落实各项措施。在政策制定过程中，应不断征询各方面意见，包括教职员工、学生、家长、相关地区教育行政和卫生部门、社区、相关专业人员、其他有经验的学校等，有助于收集资料意见制定切实有效、可行的政策，同时也能增强大家对政策的认同和支持，有利于政策的顺利推进。项目结束之后，可以根据实施效果对政策进行修订，以便更好地进行下一步工作。

学校学生肥胖控制和健康促进政策可参照如下：

1. 组织方面

学校应该专门成立肥胖控制和健康促进的领导班子和工作小组。主要由校领导、骨干教师代表（包括年级组长、德育教师、体育组、校医/保健教师、班主任、任课教师、总务处膳食负责部门等）组成，还可包括地区教育或卫生行政部门人员、疾病预防控制专业人员、家长代表、学生代表、社区相关单位代表等。领导班子和工作小组承担对学生肥胖控制和健康促进的责任。领导班子和工作小组应该定期召开会议，把此项工作纳入学校的整体工作计划和规划，制定和调整相关政策及各阶段的实施方案，并落实具体工作的责任分工，提供工作所需的各项人力、物力、财力等保障，并监督、指导和考核各项工作措施的实施情况，最后进行工作成效评估。

2. 开展健康教育

加强对学校卫生机构人员的知识技能培训，严格按照国家相关规定上好健康教育课，并开展相关健康教育活动。学生人数达到600人的学校应该按照相关规定配备专职校医，校医应该定期接受相关培训，了解掌握最新的健康教育科学知识，做好肥胖控制和健康促进工作。同时学校应努力引进健康教育知识、教学资源、健康教育师资队伍，提高健康教育课的上课质量，保证每学期6～7课时用于健康教育。并可邀请相关专家到学校对学生、家长、教师进行肥胖控制相关方面的健康教育，同时可举办多种形式、内容丰富的健康教育活动，在学校创造有利于控制肥胖和促进健康的氛围。

3. 保证学生每天1小时体育锻炼时间

按标准配备体育教师，保证必要的体育设施，严格执行国家有关体育课时的规定，不得以任何理由挤占体育课时，应对体育课进行督导以达到相关标准。开展阳光体育活动，推行上、下午大课间的体育活动，形式多样，如可用花样跑步、跳绳等来代替能量消耗较少的课间操。课余10分钟尽量鼓励孩子到操场上进行游戏，不要待在教室里，或在室内组织“快乐10分钟”活动。同时，举行运动会，开展有趣味性、季节性或地方性的体育比赛或活动，创建学生体育小组，以促进学生体育锻炼的兴趣和热情。运动会和课外活动要安排适宜肥胖学生参加的项目。

4. 建立学生健康管理档案

每学年组织学生进行1次健康体检，建立档案；在学生健康体检资料基础上，筛查超重和肥胖儿童，制订超重肥胖儿童的分级管理方案。定期监测超重肥胖学生的身高、体重和饮食、运动情况，校医和体育教师要加强肥胖学生饮食和运动方面的监测指导，做到个性化干预。与家长加强联系，督促儿童平衡膳食，积极锻炼。可组建学生健康促进小组，进行同伴教育。每学期可举行1次肥胖学生体育比赛。

5. 建立校园内健康饮食环境

严格执行相关法律法规中学校食堂和营养餐管理规定，为学生提供安全卫生、营养合理的用餐。应加强食堂及校内小卖部食品管理，不售卖不健康零食和含糖饮料，拒绝不健康零食和含糖饮料进入教室。同时学校应提供学生足量、安全卫生的饮用水。

6．学校制订对教师、学生的相关奖惩措施

可将肥胖控制和健康促进工作纳入教师的考核评估，激发教师的参与热情。可将健康体质和健康生活方式纳入学生奖励评估的内容，为优秀学生颁发“健康小明星”等荣誉称号，同时对于减重成功的儿童也给予奖励，并以其为榜样鼓励其他超重肥胖儿童。

目前与肥胖控制和健康促进相关的国家及部委政策和文件

《中共中央国务院关于加强青少年体育增强青少年体质的意见》(中发［2007］7号),《学校卫生工作条例》《中小学健康教育规范》(GB/T18206—2011),《学校体育工作条例》《中小学生体育锻炼运动负荷卫生标准》《国家学校体育卫生条件试行基本标准》《关于开展全国亿万学生阳光体育运动的通知》《国家学生体质健康标准》《中小学生健康检查表规范》(GB16134—2011),《中、小学卫生室器械与设备配备目录》《中国居民膳食指南》《学生营养午餐营养供给量标准》《学生营养餐生产企业卫生标准》《学校食堂与学生集体用餐卫生管理办法》《学生集体用餐卫生监督办法》《生活饮用水卫生标准》。

创造良好的学校学生肥胖控制和健康促进的物质环境

学校物质环境指学校的基础环境与自然环境，包括楼宇建筑、校园场地、户内外活动所需物资和设施，以及学校的周边环境等。除清洁宜人的校园环境外，良好的有利于肥胖控制和健康促进的物质环境主要包括：

1．运动场地和设施

学校应为学生提供和配备安全、足够的运动场地和设施。配备标准应符合《国家学校体育卫生条件试行基本标准》(表 3-1 至 3-5)。在中央政策文件支持以及国家加大对公用经费投入的条件下，各校应积极争取并创造条件，为此提供经费保障。

学校可以在原有的基础上增添运动设备，或者以班级为单位提供简单运动器材，让运动触手可及，充分调动学生的运动积极性。同时，也应保证现有场地器材的完好，并通过合理组织安排提高其利用率。

在原有的基础上增添运动设备，有条件的学校在资金允许的情况下可以建室内体育场馆如游泳馆、羽毛球馆、乒乓球馆，购买跑步机等，可以避免恶劣天气或空间不足的影响。资金等各方面条件不够的学校，如农村学校，可以在安全的地方修操场，开辟足球场、篮球场，或者在校园的一角做水泥乒乓球台，让学生有运动的场所。农村学校可以充分利用学校周围的良好自然环境，在保证学生安全的前提下进行游泳、游戏、长跑拉练等活动。体育运动设施不一定是最贵的就最好，在一些条件差的西部农村学校，废弃的桌椅腿可以用来当做接力棒，丢掉的饮料瓶也可以做成游泳的水漂。只要发挥集体的智慧，运动器材不是健康促进的瓶颈。

学校还可以班级为单位为学生提供简单的运动器材，如毽子、足球、篮球、跳绳、羽毛球、乒乓球、呼啦圈等。学生可以在老师的帮助下，根据自己的兴趣爱好分成几个小组，在小组长的带领下每天在课间、放学后进行运动，并鼓励兴趣小组的同学们在假期也进行运动。如果学校经费不足，可以通过多渠道筹集补充，如可通过班费募集、社会捐助、企业赞助等方式，使每个学生都有享受运动快乐的机会。

表 3-1　小学体育活动场所规范

运动场地类别	≤ 18 班	24 班	30 班以上
田径场（块）	200m（环形）1 块	300m（环形）1 块	300 ~ 400m（环形）1 块
篮球场（块）	2	2	3
排球场（块）	1	2	2
器械体操 + 游戏区	$200m^2$	$300m^2$	$300m^2$

注：体育活动所用器材种类数量也根据学校种类不同而不同，包括接力棒、跨栏架、指令枪、标志杆、实心球、垒球、篮球、足球等。具体参见《国家学校体育卫生条件试行基本标准》。

表 3-2　九年制学校体育活动场所规范

运动场地类别	≤ 18 班	27 班	36 班以上
田径场（块）	200m（环形）1 块	300m（环形）1 块	300 ~ 400m（环形）1 块
篮球场（块）	2	3	3
排球场（块）	1	2	3
器械体操 + 游戏区	$200m^2$	$300m^2$	$350m^2$

注：体育活动所用器材种类数量也根据学校种类不同而不同，包括接力棒、跨栏架、指令枪、标志杆、实心球、垒球、篮球、足球等。具体参见《国家学校体育卫生条件试行基本标准》。

表 3-3　初级中学体育活动场所规范

运动场地类别	≤ 18 班	24 班	30 班以上
田径场（块）	300m（环形）1 块	300m（环形）1 块	300 ~ 400m（环形）1 块
篮球场（块）	2	2	3
排球场（块）	1	2	2
器械体操区	$100m^2$	$150m^2$	$200m^2$

注：体育活动所用器材种类数量也根据学校种类不同而不同，包括接力棒、跨栏架、指令枪、标志杆、实心球、垒球、篮球、足球等。具体参见《国家学校体育卫生条件试行基本标准》。

表 3-4　完全中学体育活动场所规范

运动场地类别	≤ 18 班	24 班	30 班	36 班以上
田径场（块）	300m（环形） 1 块	300m（环形） 1 块	300m（环形） 1 块	400m（环形） 1 块
篮球场（块）	2	2	3	3
排球场（块）	1	2	2	3
器械体操区	$100m^2$	$150m^2$	$200m^2$	$200m^2$

注：体育活动所用器材种类数量也根据学校种类不同而不同，包括接力棒、跨栏架、指令枪、标志杆、实心球、垒球、篮球、足球等。具体参见《国家学校体育卫生条件试行基本标准》。

表 3-5　高级中学（含中等职业学校）体育活动场所规范

运动场地类别	≤ 18 班	24 班	30 班	36 班以上
田径场（块）	300m（环形） 1 块	300m（环形） 1 块	300m（环形） 1 块	400m（环形） 1 块
篮球场（块）	2	2	3	3
排球场（块）	1	2	2	3
器械体操区	$100m^2$	$150m^2$	$200m^2$	$200m^2$

注：体育活动所用器材种类数量也根据学校种类不同而不同，包括接力棒、跨栏架、指令枪、标志杆、实心球、垒球、篮球、足球等。具体参见《国家学校体育卫生条件试行基本标准》。

2. 营养午餐及健康饮食环境

儿童青少年处于生长发育的关键时期，膳食营养不仅需维持其正常生命活动，也是生长发育的重要物质基础。膳食结构不合理、各种营养素摄入不均衡使儿童青少年能量摄入不足或过多，不仅影响其学习和生活，也可能导致各种营养不良和营养过剩的情况，对生长和发育造成不良影响，甚至影响成人期和一生的健康。因此，学校提供符合卫生要求的平衡膳食非常重要。

有学生集体就餐的学校，应推广实施“学生营养午餐”，寄宿制学校有条件的应逐步推广“学生营养早餐”和“学生营养晚餐”。各学校还要加强对学生、家长、教师、食堂炊事及管理人员的营养指导，为学生创建良好的健康饮食环境。

学生营养午餐应符合《学生营养午餐营养供给量标准》。学校应根据营养午餐食物标准数量，结合该地区季节的食物供应情况，以及食堂设备、炊事人员的技术力量、学生家庭的经济条件、饮食习惯等因素编制切实可行的食谱，一般每周编制 1 次带有主副食名称和原料数量的带量食谱。编制时既要考虑色、香、味、易于消化、卫生安全，也要考虑营养含量及配比。学生营养午餐供给基本原则有：以一周 5 天为单位的日平均食物摄入量，午餐各类营养素的摄入量应占《推荐的每日膳食营养素供给量标准》的 40%；午餐供能应占全天总能量的 30% ～ 40%；脂肪摄入量占午餐总热量的比例小学生应在30%以下，中学生应在25%以下；食物品种应多样化，粗细、荤素搭配，并经常调换；提供富含铁、钙和维生素C的食物；提供充足的蔬菜和水果；食盐限量，每人每日食用量以不超过5g为宜，午餐应不超过2g；饱和脂肪不超过总脂肪量的1/3；不得以糕点、甜食取代副食；烹调过程中应注意防止维生素等营养素的流失，避免油炸、肥肉等高热量食物过多。卫生管理方面，学校应建立健全安全管理制度，严把原料、索证和验收环节，确保学生吃到健康、适量、营养的午餐。生产学生营养餐的企业需符合《学生营养餐生产企业卫生标准》，学校食堂应符合《学校食堂与学生集体用餐卫生管理办法》要求。

此外，学校食堂及校内小卖部不售卖不健康零食和含糖饮料，学校自动售卖机不应出售不健康零食和含糖饮料，禁止向学生出售烟酒。班主任应告知同学并设立规定拒绝不健康零食和含糖饮料进入教室。学校应购置一些膳食健康的模具，用于健康教育课的展示。

3．充足、安全的饮用水

对每个人来说，白开水是最好的饮品。然而，校园内外各种各样五颜六色、各种口味类型的饮料充满着诱惑力，而学生的零花钱也越来越多，大多数学生经常买饮料，甚至将饮料替代水来喝。这是非常不利于健康的，因为市售饮料大多数是含糖饮料，特别容易导致超重和肥胖；碳酸饮料除容易导致肥胖外，不利于钙质的吸收，影响儿童生长发育。学校应教育学生不喝饮料，喝白开水，并提供充足、安全的白开水。

物质基础较好的学校，可在每个教室安装饮水机，提供桶装水，或者教学楼每个楼层间设饮水处，提供烧煮开水或直饮水。学校饮用水供水工程应符合卫生要求，水质应符合国家《生活饮用水标准》。饮水机、桶装水、直饮水处理设备应向供应商索要生产单位相关食品、卫生有效证件留档备用。各类饮水设备应定期由专人清洁消毒，并做好记录。此外热水龙头应有显著标志，以防止学生接水时烫伤。没有条件提供饮用水的学校，应鼓励学生用较大的杯子从家带水到学校，保证学生健康饮水并控制学生喝含糖饮料的量。

学校提供的水质以及饮水装置等应符合国家颁布的《生活饮用水卫生标准》（GB5479—2006），标准规定了生活饮用水水质卫生要求、生活饮用水水源水质卫生要求、集中式供水单位卫生要求、二次供水卫生要求、涉及生活饮用水卫生安全产品卫生要求、水质监测和水质检验方法。

营造良好的学校学生肥胖控制和健康促进的社会环境

学校社会环境主要由校风、校纪、人际关系（教职员工间、学生间、师生间）等构成。营造良好的预防控制超重肥胖、促进健康的氛围，不仅有利于学生的身体健康，也有利于学生的心理健康。主要方式有：

1. 校园内积极宣传，营造“健康第一”的氛围

学校可以利用广播、电子屏、悬挂横幅、标语、张贴海报、班级黑板报、墙报等各种方式对学生、教师以及家长宣传健康知识以及健康教育的重要性。如可在任课教师的办公室中张贴如“为学生的健康负责，与学生一起远离肥胖”等增强教师使命感的标语；可向教师或学生发放印有如“健康饮食，快乐运动”等标语的杯子、徽章或小物品供使用；校门口可悬挂“肥胖是健康的隐形杀手，父母和我一同预防它”“预防肥胖从娃娃抓起”等有通俗易懂口号的横幅，引起家长对孩子的肥胖问题的重视；校园内可张贴一些鼓励大家加入预防超重肥胖活动中来的标语，可以在同学中征集并张贴评选出的优秀标语；在学生中培训骨干和志愿者，如“健康教育员”“健康小使者”等，发挥其主动性，形成人人参与的氛围；在学校橱窗或光荣榜上，可刊登学习相关健康知识表现优异的学生的照片和作品，为他们颁发“健康小明星”等荣誉称号；对于减重成功的儿童也给予奖励，颁发荣誉称号，并以其为榜样鼓励其他超重肥胖儿童。学校还可订阅有关健康教育知识和体育运动知识的报纸与杂志放在阅览室中供同学们阅读。有条件的学校可以为每个班级订阅 1 份，让同学方便、容易地接触到这些杂志，学习健康知识。

2. 学校制订对教师、学生的相关奖惩措施

措施应充分表现学校的正向期望，以鼓励、尊重、正面教育为主，培养自律精神和良好行为，避免一切侮辱性惩罚措施。学校可将肥胖控制和健康促进工作纳入教师的考核评估，加大奖励力度，从经济、荣誉方面激发教师的参与热情。学校也可将健康体质和健康生活方式纳入学生奖励评估的内容。此外可定期举办健康相关知识竞赛和征文征画等活动，检验同学们的学习成果。对表现优异的学生给予奖励，为他们颁发“健康小明星”等荣誉称号，并在展厅、橱窗等地方展示他们的优秀作品。同时对于减重成功的儿童也给予奖励，颁发荣誉称号，在尊重其意愿的情况下以其为榜样鼓励其他超重肥胖儿童。

3. 学校领导和教师为学生做好榜样

学校领导和教师应注意随时随地以自身为榜样，教育学生养成健康生活行为。如大课间时与学生一同认真运动，在学校食堂就餐时选择健康合理膳食，不将不健康零食和含糖饮料带入教室，学校不以不健康零食奖励学生等。教师是学生最直接的榜样，他的一言一行对学生都有着莫大的影响，重视教师的榜样作用，是营造学校健康环境的重要内容。

4. 营造和谐的校园气氛

学校应建立营造互相关怀、尊重、信任、友好的校园气氛和环境。同学间应互相关心，对肥胖儿童可鼓励、带动和帮助其进行运动锻炼和选择健康饮食；不歧视肥胖儿童，特别是青春期儿童对自身体像很敏感，学校也可通过心理咨询为有需求的同学提供帮助；若发生欺凌事件，学校应及时、正确地处理。

建立良好的学校学生肥胖控制和健康促进的社区关系

学校、家庭和社会共同构成学生成长的环境。建立良好的社区关系是指学校与家庭、政府部门、地方健康保健机构、社区团体等关系良好，联系密切，并在教育方向上保持一致，使学生在学校获得的健康知识和技能能向家庭传播，并在家庭和社会环境中得到更广泛的支持，使之继续保持和巩固。良好社区关系的内容包括：

1. 学校与家庭间的良好沟通

家庭是学生离开学校后停留时间最长的地方，家长是学校健康教育的重要伙伴。学校可通过家长会、联谊会、家长委员会等定期与家长沟通联系，通过倡议书、健康教育讲座、校讯通等形式，宣讲健康知识技能，鼓励家长为培养学生健康生活行为提供必要的家庭条件。如家长应该为孩子准备健康合理的一日三餐，避免孩子吃垃圾食品和含糖饮料，除正餐外不给孩子提供额外的不健康零食，多让孩子吃蔬菜水果，不以垃圾食品作为奖励手段，并教育孩子健康饮食的重要性。此外，家长应注意儿童过长的静坐时间，教育儿童尽量不要在家中看电视、玩电脑，督促和带领儿童进行户外运动锻炼，并提供必要的锻炼工具。

学校还应该提供机会，使家长尽量参与学校健康政策的制定和各项活动，这将有利于各项政策措施的完善和落实。学校和家长的良性互动、互相促进有助于形成教育合力，为学生的健康成长创造有利条件。

2. 教育卫生部门和专业机构的支持

教育部门是学校肥胖控制和健康促进中的重要力量。健康教育课在学校不受重视，经常被其他科目挤占，其中有很大的原因是教育部门等不重视健康教育。教育部门在预防控制肥胖中的主要作用是加强落实健康教育课，要求各个学校严格按照相关规定足量保质地上好健康教育课，对学生的健康负责。教育部门应负责提供各个学校健康教育课的教案，规范体育课教学内容，其中预防控制肥胖部分可作为健康教育课主要教学内容之一。教育部门可以改进对学校的终期考核制度，如在其中加入健康教育课学时数、教学效果、学生健康素养测试、超重肥胖率等指标，以促进各校健康工作。

各级疾病预防控制中心和中小学卫生保健机构是学校肥胖控制和健康促进中的技术核心。在按国家规定定期对学生进行健康体检、实时监测学生的身体健康状况的基础上，应协助指导学校及时发现问题，并制订解决对策。如某学校的超重肥胖率不断攀升，应针对该学校制订相应的肥胖预防解决方案。在对学校进行卫生监督中，对饮食卫生和体育卫生的监督指导在肥胖控制中非常重要，如对学校食堂的卫生监督，可为学校提供营养午餐菜单，为学校饮用水设施设立技术支持，监督体育教师按照科学方法保质保量完成健康体育课的教学内容等。各机构应开展辖区内学生卫生保健服务，帮助学校开展健康教育和咨询，普及预防肥胖等相关健康知识，提高学生的健康素养和自我保健能力，同时为超重肥胖儿童提供相应帮助。各级机构还应制订本辖区中小学卫生技术人员的培训计划，并负责对卫生技术人员和健康教育课教师进行培训和业务指导。还可邀请相关科研和专业机构专家到学校为学生、家长举办健康教育讲座或活动。学校也可根据自身的健康教育和服务需求，向上级教育和卫生主管部门提出申请，请其进行和安排技术指导和服务。

学校还可与有儿童青少年卫生学专业和相关体育专业的高校合作。若有条件可邀请高校相关专业的教师、研究生或大学生到学校对学生进行义务宣教，可以借助高校社会实践或志愿团队，定点定时到学校进行健康教育知识的传播，给学生讲授最新的科研成果，并解答同学们的疑惑。甚至可成立一个专家库，帮助学校顺利开展健康教育。对于较偏远的学校，也可以通过查询高校相关专业的电话和电子邮箱，邀请相关教师和学生在寒暑期到学校开展讲座以及技能辅导训练，借助高校社会实践活动，取得高校支持。

3. 良好的社区网络

学校要建立良好的社区网络，争取政府部门、各社会团体、非政府组织的参与和支持，争取社区出面，倡导维护良好的学校周边环境，如工商行政管理部门、食品卫生管理部门、城市管理相关部门配合学校对学校周边小商贩、小饭馆的整治工作，保证食品安全、卫生，不向学生售卖或限制售卖不健康食品或含糖饮料，禁止向学生出售烟酒。

近年来，国家对社区体育建设投入了大量的人力、物力、财力，学校应该鼓励学生在放学后和家长、同学、伙伴一起走出家门，利用社区、公园中的健身设施锻炼身体。学校还可联系附近的社区公共体育场馆或公园，呼吁这些场所尽量对学生免费或优惠开放，以达到促进学生放学后继续锻炼身体的目的。在农村可以通过街道、村委会为大家提供的健身设施和健身场所进行锻炼。如在村中的空地上安装篮球架，建一个简易篮球场，方便孩子们放学后运动。

4. 学生参加社区健康促进工作

学校也可以定期组织学生走出校园，参加或开展社区健康宣传和促进活动，参与社会服务和交流活动。如在橱窗中张贴预防控制肥胖的健康知识海报、发放健康知识宣传单、参与社区医院慢性病防治讲座，或参与对肥胖相关慢性病病患的卫生服务，以便对疾病获得直接的感性认识。

培养学生获得肥胖控制和健康促进的个人生活技能

生活技能教育通过培养儿童青少年的心理社会能力，使儿童青少年有良好的行为准备，从而建立健康的行为。学校应该具备相应的政策、人员和教材，通过正式和非正式的健康教育课程、体育课程以及丰富多彩的各类活动，以学生为主体，使他们获得与其年龄相当的肥胖控制和健康促进的健康知识、态度、理解力和健康技能，培养其健康意识和行为习惯，使他们能终生受益。

1. 健康教育课

各中小学均应按照国家颁布的《中小学健康教育规范》（GB/T18206-2011）中规定

的要求、目标、内容和途径，进行课程计划、教学组织和课堂实践，保证每学期 6 ~ 7 课时用于健康教育。教师要有教学计划、教案，学期末要有考核和成绩。《规范》中规定，中小学健康教育内容包括 5 个领域：健康行为和生活方式、疾病预防、安全应急与避险、心理健康、生长发育与青春期保健。根据儿童青少年生长发育的不同阶段，健康教育分 5 个水平进行。肥胖控制和健康促进相关的内容包括：

【水平一（小学 1 ~ 2 年级）】 教育目标为：知道偏食、挑食对健康的影响，养成良好的饮水、饮食习惯。教育基本内容包括：吃好早餐，一日三餐有规律；了解偏食、挑食危害健康；了解喝牛奶、经常食用豆制品有利于生长发育，有益于健康；注意饮水卫生，适量饮水有益健康。

【水平二（小学 3 ~ 4 年级）】 教育目标为：了解体育锻炼对健康的作用，初步学会合理安排课外作息时间；了解营养不良等疾病的基本知识及预防方法；了解食品安全基本知识，初步树立食品安全意识。教育基本内容包括：认识人体所需的营养素；认识体育锻炼有利于促进生发育和预防疾病；注意睡眠卫生要求，小学生每天睡眠时间应该保证 10 小时；认识到营养不良、肥胖对健康的危害和预防；认识到自己的身体，关注自己的身体发育情况。

【水平三（小学 5 ~ 6 年级）】 教育目标为：了解健康的含义与健康的生活方式，初步形成健康意识；了解营养对促进儿童少年生长发育的意义，树立正确的营养观；了解食品安全知识，养成良好的饮食卫生习惯；学会体育锻炼中的自我监护，提高自我保护的能力。教育基本内容包括：了解健康不仅仅是没有疾病或虚弱，而是身体、心理、社会适应的完好状态；了解健康生活方式主要包括合理膳食、适量运动、戒烟限酒、心理平衡 4 个方面，健康的生活方式有利于健康；了解体育锻炼时自我监护的主要内容；膳食应以谷类为主，多吃蔬菜水果和薯类，注意荤素搭配；日常生活饮食应适度，不暴饮暴食，不盲目节食，适当食用零食；中小学生应做到不吸烟、不饮酒。

【水平四（初中阶段）】 教育目标为：了解生活方式与健康的关系，建立文明、健康的生活方式；进一步了解平衡膳食、合理营养的意义，养成科学、营养的饮食习惯；了解充足睡眠对儿童少年生长发育的重要意义；学会保持愉快情绪和增进心理健康。教育基本内容包括：了解不良生活方式有害健康，慢性非传染性疾病（恶性肿瘤、冠心病、糖尿病、脑卒中）的发生与不健康的生活方式有关；学会膳食平衡，平衡膳食有益于促进健康；认识到青春期需要补充充足的营养素，保证生长发育的需要；合理安排作息时间，保证充足的睡眠有利于生长发育和健康（初中生每天睡眠时间应该保证 9 小时，高中生每天睡眠时间应该保证 8 小时）；学会拒绝吸烟、饮酒；培养调节情绪的能力；建立自我认同，客观地认识和对待自己。

【水平五（高中阶段）】 教育目标为：了解中国居民膳食指南，了解常见食物的选购知识。教育基本内容包括：了解食品选购基本知识，注意饮食卫生；了解中国居民膳食指南，合理营养；培养沟通和缓解压力能力。

除《规范》的基本要求外，结合我国大部分地区肥胖均已快速、全面流行的趋势，各校应结合自身及当地情况，健康教育课可以从较低年级开始，纳入肥胖预防控制的内容。同时应该注意对教师的培训，使之掌握肥胖防治的相关知识和技能。

2. 体育课及锻炼

学校体育课是学生在校期间进行体育锻炼的重要时间段，学校应重视体育课，要求体育教师保质保量地完成体育教学，并应坚持让学生每天锻炼 1 小时（10 分的课间活动除外）。同时，应该教授学生特别是超重肥胖学生自我锻炼的内容、方法及活动技能。

《中共中央国务院关于加强青少年体育 增强青少年体质的意见》即中央 7 号文件明确要求“确保学生每天锻炼 1 小时。中小学要认真执行国家课程标准，保质保量上好体育课，其中小学 1 ～ 2 年级每周 4 课时，小学 3 ～ 6 年级和初中每周 3 课时，高中每周 2 课时；没有体育课的当天，学校必须在下午课后组织学生进行 1 小时集体体育锻炼并将其列入教学计划；全面实行大课间体育活动制度，每天上午统一安排 25 ～ 30 分钟的大课间体育活动，认真组织学生做好广播体操、开展集体体育活动；寄宿制学校要坚持每天出早操。各级教育行政部门要提出每天锻炼 1 小时的具体要求并抓好落实。因地制宜地组织广大农村学生开展体育锻炼。”

每次体育课均应该有教案，活动负荷应该符合国家颁布的《中小学生体育锻炼运动负荷卫生标准》。该标准中规定，健康中小学生体育课和课外体育活动每周不得少于 5 次，每天不得少于 1 小时，每次锻炼基本部分的运动时间应为 20 ～ 30 分钟。体育课和课外体育活动的基本部分的靶心率不应低于 120 次 / 分钟，也不得超过 200 次 / 分钟。学校应建立体育课卫生监督制度，由分管校领导或体育组负责人抽检监督体育课上课情况，并予以记录。对于已经超重肥胖的学生，体育教师应特别关注，给予较其他同学更大运动负荷的体育活动，或者延长体育活动时间，可帮助建立超重肥胖学生课外锻炼小组指导其运动。

3. 形式多样的健康促进活动

除相关课程外，学校可开展形式多样的健康教育活动，以学生为主体，激发学生的参与热情，并与社区活动和家庭相结合，以取得更大成效。具体内容详见本书第二部分中“学校开展学生肥胖控制和健康促进的教育形式和方法”。

提供学生肥胖控制和健康促进的相关服务

学校自身可在各级医疗卫生保健机构的帮助下，为学生提供基本的卫生保健服务，帮助同学们控制体重，达到预防超重和肥胖、促进健康的目的。对超重肥胖的孩子应采取相应措施，分级管理，进行针对性防治。

1. 学校卫生（保健）室配置

学校应该按照《国家学校体育卫生条件试行基本标准》中关于学校卫生（保健）室

配置的要求，在寄宿制学校或者600名学生以上的非寄宿制学校应配备卫生专业技术人员，卫生专业技术人员应该持有卫生专业执业资格证书。600名学生以下的非寄宿制学校，应配备保健教师或卫生专业技术人员。保健教师可由现任具有教师资格的教师担任。所有卫生专业技术人员和保健教师应接受学校卫生专业知识的急救技能培训，并取得相应的合格证书。

学校的卫生室或保健室不仅仅是一个治疗学生日常简单疾病和突发事件处理的地方，更重要的是要做好学生的疾病预防工作，以及培养学生养成良好的卫生习惯和掌握健康的生活技能。此外，学校可与一所距离学校较近的医院或具有诊疗资格的诊所建立联系，在遇到校医无法解决的卫生事件如儿童肥胖合并高血压等时，应寻求其专业支持和帮助，没有学校卫生（保健）室的学校尤其应该注意这点。

农村地区的学校由于经济等各方面条件的限制，绝大多数学校没有卫生室，有卫生室的其面积和设施也往往达不到要求，农村中心校以下的学校几乎没有校医，学校卫生保健人员的整体素质也较低。学校应该向当地卫生、教育主管部门申请，建立卫生室，并加强对卫生保健人员的培训，提高他们的整体素质。为了在学校落实相关规定，需要卫生部门加大对卫生室建设工作的监督，将责任落实到各级领导及学校领导，促使学校重视卫生室的建设。学校要加强对卫生室的投入力度，不仅从硬件上，也要从软件上加强。既加强基础设施建设，对陈旧设施进行改造调换，加强校医及保健教师的专业知识，同时在学校卫生室或保健教室建成后应加强对其的管理，并创造有利于校医及保健教师开展工作的条件。

《国家学校体育卫生条件试行基本标准》要求：卫生室的用房面积应该大于40平方米，并有适应学校卫生工作需要的功能分区，例如预防保健室、观察室、诊疗室。卫生室应该具备以下基本设备：视力表灯箱、杠杆式体重秤、身高坐高计、课桌椅测量尺、血压计、听诊器、体温计、急救箱、压舌板、诊察床、诊察桌、诊察凳、注射器、敷料缸、方盘、镊子、止血带、药品柜、污物桶、紫外线灯、高压灭菌锅等。保健室的用房面积应大于15平方米，并有适应学校卫生工作需要的功能分区，例如预防保健室和观察室。保健室应该具备以下基本设备：视力表灯箱、杠杆式体重秤、身高坐高计、课桌椅测量尺、血压计、听诊器、体温计、急救箱、压舌板、观察床、诊察桌、诊察凳、止血带、污物桶等。

2. 学生健康监测

学校应掌握学生的动态健康状况，并了解学生现阶段存在的主要健康问题，以及常见疾病在近几年的流行趋势，以便对可预防的疾病进行积极预防。学校应按照《中小学生健康检查表规范》中的内容，在校期间每学年对学生进行1次常规健康体检，并给每个学生建立健康档案，根据体检结果反馈给每个学生家长，让家长也掌握孩子的身体健康情况，并与学校积极配合，共同促进学生健康。

学校负责组织、配合中小学卫生保健所、各级疾病预防控制中心按照相关规定定时为学生进行健康体检，体检的机构、人员资质需符合相关规定。健康检查机构在结束检查后，应进行个体健康评价和群体健康评价，并分别向学生个人、学校、教育行政部门反馈健康评价结果。在肥胖控制和健康促进方面，注意个体报告单中不仅包括学生个体体检项目的客观结果，也包括身高等级评价、体重等级评价及建议，以及基于人体测量的营养状况评价及建议。学校和地区汇总报告单内容应包括学校不同年级男女生的生长发育水平，营养不良、超重和肥胖检出率，对学校学生健康的综合性评价和建议。

学校应该掌握学生的生长发育状况和营养状况，掌握本校学生超重和肥胖的流行情况和趋势，了解本地区学校学生超重和肥胖的流行情况和趋势，并根据现状制定策略，采取相应干预措施积极应对。

3. 学生健康档案建立及管理

学校应注重建立学生基本个体健康档案和管理工作。通过动态、连续、全面的记录，使学校和健康管理者能及时地了解学生的健康状况，有针对性地开展个体化的健康促进和健康服务工作，从而保证学生的健康成长。

学生个体健康档案包括生理、心理和健康知识行为为 3 个部分。生理部分包括历年的《中小学生健康检查表》、健康卡片（包括个人信息、血型、过敏史和既往史等），《国家学生体质健康标准登记卡》等体质测试和体育登记表。心理部分一般通过卫生、考勤、日常行为规范达标表、思想品德考核表等反映，也包括心理咨询和辅导记录、心理测验结果等。如肥胖学生因体形问题向心理咨询和辅导老师寻求帮助后，咨询和辅导记录应该在严格遵循保密的情况下对资料进行整理统计。健康知识行为可通过相关健康知识行为调查表获得，可以了解个体掌握健康卫生知识和形成个人卫生行为习惯的情况，对个体提供针对性帮助；也能了解掌握学生相关饮食锻炼行为中的危险因素，经统计分析后，将有助于本校制定针对防控肥胖的具体政策措施。

学生个体健康档案中，依据学生身高、体重、BMI、血压、腰围、臀围等，对学生的营养状况做出评价，如按是否超重 / 肥胖、是否为向心性肥胖、是否为合并高血压等将学生分类分级，进行管理。对于超重 / 肥胖学生，校医（保健教师）应与体育教师、班主任、家长等协同，督促其健康饮食，增加体育锻炼，并进行行为日记、体重及 BMI 变化等记录，给予他们更高的关注。如果合并高血压，需要指导学生及家长寻求专业医疗机构的诊治，并配合医嘱指导学生的膳食及运动等行为。

《中小学生健康检查表规范》（GB 16134—2011）中规定，学生必测的项目包括：查验或询问小学入学预防接种证、入学后预防接种史、既往病史、月经初潮 / 首次遗精年龄；测量身高、体重、血压；检查五官项目包括裸眼视力、沙眼、结膜炎、色觉、龋齿、牙周、耳、鼻、扁桃体；外科项目包括头部、颈部、胸廓、脊柱、四肢、皮肤、淋巴结；内科项目包括心、肺、肝、脾；实验室检查结核菌素试验。选测的项目包括：腰围、臀围、肺活量、串镜检查、听力、男性外生殖器、血红蛋白、蠕虫卵、肝功能。

4. 超重肥胖学生的针对性防治

制订超重肥胖学生的分级管理方案，对超重肥胖儿童进行个性化防治。由校医（保健教师）建立专门的肥胖控制管理档案，指导并帮助超重肥胖学生制订减肥计划，进行营养膳食干预指导；由体育教师专人负责，建立超重肥胖学生课外体育活动小组，为肥胖学生个体制订运动处方，选择适宜的运动项目和强度密度进行体育锻炼指导，鼓励学生在校外继续进行体育锻炼；制订学生饮食运动行为日记表，学生每天自填，班主任、家长周评，校医月评，并定期监测（如每月 1 次）肥胖学生身高体重，并将结果反馈给家长，以记录并督促学生养成良好的饮食运动习惯；组建学生健康促进小组，开展同伴互助、同伴教育；每学期可举行 1 次肥胖学生体育比赛。

应注意儿童青少年的减肥与成年人不同。儿童青少年进行运动减肥的原则是："少静多动；量力而行，循序渐进；动则有益，多动更好"。儿童青少年正是处于身体生长发育的关键阶段，不应该通过节食等方式减肥，应该通过增加运动量和合理饮食进行。适合减重的运动方式有很多，包括慢跑、跳绳、游泳、快走、高抬腿等中高强度的有氧运动，对于超重肥胖的孩子，每天进行中高强度运动的时间应该在 1 小时以上，一周坚持 5 天以上。运动一次不难，但是坚持下来却很困难。所以学校的老师和家长应该培养孩子持之以恒的毅力，鼓励孩子坚持运动，一定会达到运动减肥的效果。

儿童青少年减重速度也不能过快，在体重控制期间，3 ～ 6 个月内体重略有增长、维持体重不变，或体重稍有下降，都说明减肥是成功的。减体重时每周体重降低不超过 1kg。运动减肥体重下降不会过快，如果体重下降过快，会影响青少年正常的生长发育，应注意找到造成体重降低太快的原因。在监督孩子进行体重控制的同时应该注意孩子的心理状况，必要时给孩子心理辅导，不要自卑，树立自信心，并坚信自己只要坚持运动，就会达到控制体重的目的，直到体重恢复到正常水平。

学校肥胖控制和健康促进工作的评估

评估是将客观实际与预期目标进行的比较。在学校肥胖控制和健康促进工作中，评估应贯穿于整个工作的始终，包括项目前期、中期和后期，它是科学衡量肥胖控制和健康促进工作效果的重要手段，也是全面监测项目执行、确保其成功实施的关键措施。

学校肥胖控制和健康促进工作评估的主要目的在于：了解各项计划的执行情况，其进展和效率如何；干预措施是否合理，是否适合目标人群；发现问题及时调整策略措施；确定项目的结果，项目是否达到预期目标，其可持续性如何；向各方参与者反馈项目结果，证实其履行计划的过程，并取得目标人群、社区和资助方、决策者更广泛的支持和合作；总结项目的成功与不足、优势与障碍，为下一步工作提供借鉴。

评估包括形成评估、过程评估和结果评估。

1. 形成评估

形成评估在肥胖控制和健康促进工作开始之前或早期进行，通过收集信息，了解本校肥胖问题的严重性，目标人群的特征和需求，以及相关危险因素，同时提出开展工作的有利条件和障碍，以帮助决策，制定合适的干预策略和措施，使其更具科学性、合理性和可行性。形成评估的主要内容包括：学校的基本情况；超重和肥胖的流行率和发展趋势，以此明晰学生超重肥胖问题的严重性；超重和肥胖的原因和危险因素，以此制定干预策略和措施预防控制危险因素、促进健康行为因素；促进和阻碍工作开展的因素；政府部门的相关政策和规范；本校已经实施的干预措施，可利用的人力、物力和财力资源，需要实施和开发的新措施和新资源等。

形成评估方法主要有查阅分析历年体检资料、文献回顾、学生（家长）及教师调查问卷、专题小组讨论、专家咨询、现场观察等，也可进行预实验或试点研究。主要指标包括计划的科学性、可行性，政策的支持性，技术的适宜性以及目标人群对策略措施的接受程度等。

2. 过程评估

过程评估是在项目实施过程中的评估，贯穿项目全过程，目的在于评估项目运作情况，以控制工作质量，保证工作按计划顺利进行，并及时发现存在的问题，以便进行调整和改进。过程评估是监督工作的必要措施，应有计划、常规性地进行。

学校肥胖控制和健康促进工作过程评估贯穿学校政策制定、创造物质环境和社会环境、建立社区关系、培养学生个人技能及提供相关服务方面。主要内容包括：是否成立肥胖控制和健康促进工作领导小组；领导小组是否制订工作制度及其活动时间和频率；是否制订肥胖控制和健康促进工作计划并纳入学校整体计划，并制定相关政策；学校是否利用校内多种媒介进行肥胖预防控制；学校是否按标准配备校医（保健教师）和体育教师，及其培训频率；学校是否将肥胖健康教育纳入课表及其课时数，或是否进行相关讲座及其次数；是否开展学生肥胖控制和健康促进各类相关活动及次数；是否提供和改善设备，按标准配备必要的体育和卫生设施；是否保证1小时体育锻炼制度，体育课是否达到相关标准；是否实施“阳光体育活动”；是否与家长联系，并为家长发放儿童肥胖控制和健康促进相关资料；是否开展家长健康讲座及频率；学校营养午餐是否符合相关标准和平衡膳食要求；学校是否提供适宜饮用的水；校园内是否拒绝不健康零食/含糖饮料；是否建立肥胖学生档案和分级管理制度；学校能否为肥胖学生提供心理咨询和帮助；是否与社区合作开展肥胖控制和健康促进工作等。在开展过程中，还应该评估干预活动的目标人群和覆盖率，师生是否积极参与及原因，活动中遇到的困难及解决方法，各教师之间的工作配合情况和对学校工作计划的反馈等。如工作未按计划完成，则需分析原因并及时改进。

过程评估方法主要有：直接观察各项活动；以文字、照片、音频、视频等记录活动情况，包括各项活动开展的日期、地点、目的、内容、持续时间、活动组织者、目标人群及参与情况，并留存档案；进行抽样调查、访谈或专题小组讨论以发现相关问题；召开项目领导小组工作会议并进行阶段性评估。

3. 结果评估

结果评估是在项目实施之后，评价学校近期、中期和远期目标达成的程度。结果评估可按各阶段的结果设计。

近期结果评估包括：学生肥胖控制和健康促进相关知识知晓率和态度、相关健康行为发生率是否有变化；家长、教师和领导对肥胖控制和健康促进的认识、态度和行为是否有所提高；学校健康政策落实情况；学校物质环境改善情况；学校师资力量和素质是否改善；是否建立良好的校园肥胖控制社会环境；家庭、社区环境是否转变并有利于促进健康和控制肥胖；学校和家庭、社区是否建立良好的合作关系，并形成经常性活动制度；肥胖学生建档率；学校健康服务落实情况。中远期结果评估包括：学生身高、体重、体质指数、血压甚或血糖和血脂等指标在干预前后的变化，学生体能合格率、体育达标率在干预前后的变化，学生超重、肥胖率在干预前后的变化等。

结果评估方法主要有：通过调查问卷了解学生、教师、家长的知识态度行为变化情况，通过体格检查和体质测量了解学生体格体质变化和超重肥胖情况。

第四部分　学校体育、卫生工作人员在学生肥胖控制和健康促进实施中的工作内容

学校学生肥胖控制和健康促进的卫生人力主要包括行政人员、教师及学校卫生技术人员。学校行政人员包括校长、教导主任（德育主任）、教学处、总务处负责人等。教师包括年级组长、体育教师、德育教师、班主任、相关任课教师等。学校卫生技术人员是指校医和保健教师。

学校应整合相关人力资源，成立肥胖控制和健康促进领导小组。其人员主要工作职责为：校长或分管副校长主持领导小组工作，负责统筹规划，领导及推动肥胖控制和健康促进计划，核定各项推动策略和监督考核措施，筹措经费，创造条件提供所需的人力、物力和财力保障，负责代表学校与校外有关机构如教育和卫生行政部门、社区相关单位等建立关系，取得支持。教导主任（德育主任）协助校长规划肥胖控制和健康促进相关具体工作，与学校卫生技术人员和相关教师共同推动和落实各项措施和活动。班主任、体育教师和相关任课教师按学校计划，并与学校卫生技术人员配合，落实各项措施和活动。

学校对学生肥胖控制和健康促进的实施已在第三部分中进行了详细的阐述。因为学校校医（保健教师）和体育教师在学生肥胖控制和健康促进中承担大部分实际工作，故本部分在第三部分基础上对其具体工作内容作进一步阐述，以便参考。

校医（保健教师）在学校学生肥胖控制和健康促进实施中的工作内容

中小学校医作为卫生专业技术人员，承担着学校卫生方面的具体实施工作，保障学生健康和学校教育教学工作的顺利进行，但是长期以来由于种种原因，校医工作更多地停留在处理日常小病小伤和检查学校清洁卫生等上。随着医学模式的转变，素质教育的全面展开，以及行政部门各项增强学生体质和促进学生健康的政策措施的逐一实施，校医和保健教师首先应该积极适应当前理论和实践的需要，切实转换观念，树立“健康第一”的理念，开发领导，动员全校师生员工追求健康，并以促进学生身心健康发展为己任，使学校将为社会培养健康的人才作为首要目标。这也要求校医和保健教师在健康教育、教学活动和管理中发挥更重要的作用，承担培养和影响学生健康观念和行为习惯的教育工作。校医工作涉及很多专业技术知识，包括临床医学、预防医学、教育学和心理学等，需要校医提高素质，不断学习。在我国目前儿童青少年肥胖迅猛流行的情况下，校医及保健教师在学校学生肥胖控制和健康促进实施，促进学生健康成长，提高我国未

来人口素质上具有重要作用。

1．制订学期肥胖控制计划并实施

校医和保健教师作为学校中对卫生与健康知识掌握最多的人，应该在自己的实际工作中改变被动接受任务的状态，制订每学期工作计划，组织实施，进行技术指导和监督，并及时总结和反馈，做好学校领导的参谋和助手。

校医或保健教师可以在每个学期的开始，根据自己学校的具体情况，结合相关专家提供的建议，与体育和其他骨干教师共同制订出一些适合自己学校的肥胖防控计划，并在学校相关领导的支持下开展计划中的各种活动。如组织肥胖防控的讲座和健康教育课，组织各种形式的健康教育活动，利用校园各类宣传媒介创造利于肥胖控制的氛围，提高学生对预防肥胖的积极性，并与体育教师合作，协助组织大课间，鼓励学生利用课余时间多运动，放学后多走出家门，到户外进行体育锻炼。对于超重肥胖学生，进行单独的管理和饮食锻炼指导等。每个学期的健康计划可根据自己学校的实际情况制订，可以通过单个的活动进行，也可以由系列活动形成整体，贯穿学期的始终。具体的操作可见本书第五部分“‘快乐运动　健康饮食’项目活动示例”。

2．开展关于预防控制肥胖的健康教育

教育部《中小学健康教育规范》中已经对健康教育课作出了相关规定，其中包括健康生活方式、疾病预防及生长发育等内容。校医或保健教师应在相关规定基础上，根据自己学校的条件、资源以及肥胖流行情况，考虑不同年级的可接受程度以及学习特点，做好教学计划，有针对性地对学生开展肥胖的危害、预防、控制的健康教育。校医或保健教师应协调校内相关学科，如体育课、安全与生命教育、心理健康、德育等教师，组织落实和安排健康教育课程；同时也应充分考虑和利用相关校外资源，邀请相关专家到校进行专题讲座。校医或保健教师在其中也应承担部分教学内容。具体内容可参考本书第五部分中“肥胖控制健康教育课”。

同时，校医或保健教师应组织各种形式的健康教育活动。利用校园各类宣传媒介对学生、教师以及家长宣传健康知识及健康教育的重要性，如广播、电子屏、悬挂横幅、标语、张贴海报，并与班主任协作组织同学制作班级黑板报、墙报等进行宣传。在同学中可组建学生健康促进小组，培养“健康教育员”“健康小使者”等开展同伴互助和同伴教育。校医或保健教师可制作和发放针对学生和家长的肥胖控制与健康专题宣传资料、倡议书，并邀请家长或利用家长会对家长进行健康知识教育，提高家长健康素质，在情感和物质上给予支持、帮助学生养成健康良好的生活行为方式。校医或保健教师可计划在各种与健康相关的节日，如世界卫生日（4 月 7 日）、国际家庭日（5 月 15 日）、中国学生营养日（5 月 20 日）、国际儿童节（6 月 1 日）、世界糖尿病日（11 月 14 日）、国际儿童日（11 月 20 日）等进行健康知识竞赛、演讲比赛、绘画 / 征文比赛，或组织收听收看健康广播、电视、科教电影，参观健康科普展览等。

为评估健康教育课程、讲座和活动的效果，可每学期分年级进行 1 次健康教育知识测试，由相应的老师负责出试题，测试总成绩按年级班级存档。每学年还可以进行 1 次学生健康教育知识知晓率和健康生活行为形成率的抽测调查，查看是否有所改善。对表现优秀的班级或年级进行表彰，并对表现优秀的学生个人以及辅导教师进行表彰。评价标准可参照健康促进学校的要求。

3. 建立学生健康档案，做好超重肥胖学生健康管理

校医或保健教师在学校领导下，负责组织、配合中小学卫生保健所、各级疾病预防控制中心按照《中小学生健康检查表规范》中的内容，每学年对学生进行一次常规健康体检，并给每个学生建立健康档案。在体检结束后校医协助体检单位录入体检数据，便于体检单位对体检数据进行统计分析和计算，并作出个体健康评价和群体健康评价。校医应将体检结果反馈给每个学生及家长，让家长及时掌握孩子的身体健康情况，并与学校积极配合共同促进学生健康。校医或保健教师应该掌握本校学生个体健康评价和群体健康评价结果，也应对本校历年体检数据进行简单的统计分析，掌握本校学生的身体发育动态和超重肥胖率的变化趋势，结合学校预防控制措施，形成报告书，及时上交给有关领导，并保存下来作为工作参考和考核的材料之一。

对于体检筛查出的超重和肥胖学生，应该单独建立肥胖控制管理档案，依据学生身高、体重、BMI、腰围、臀围等，对学生的超重肥胖状况做出评价，结合体检指标中血压情况，或临床检查中血糖、血脂情况，可对学生进行分级管理。对于单纯性超重肥胖而没有其他合并情况的学生，校医或保健教师应指导帮助超重肥胖学生制订体重控制和减重计划，并与体育教师、班主任、家长等协同帮助学生实现。

如校医和保健教师向其提供营养餐表或营养餐建议，与家长合作进行营养膳食干预指导；协调体育教师，成立由体育教师专人负责的超重肥胖学生课外体育活动小组，制订运动处方，指导学生锻炼；制订学生饮食运动行为日记表，让学生每天自填，班主任、家长周评，校医月评以达到督促效果；同时应定期监测超重肥胖学生身高体重，如每月 1 次或每学期 2 次，并将结果反馈给家长，以取得家长配合；还可利用学生中的“健康教育员”“健康小使者”等帮助和督促超重肥胖学生的饮食和锻炼。如果超重肥胖合并高血压或血糖、血脂异常，校医和保健教师需要指导学生及家长寻求专业医疗机构的诊治，并配合医嘱指导学生的膳食及运动等行为。应注意儿童青少年减重速度不能过快，每周体重降低以不超过 1kg 为宜。同时儿童少年身高仍在增长，一般情况下身高每长 1cm 会自然地增加近 1kg 体重，减肥中应注意二者关系。减肥中还应注意儿童心理状况，树立儿童自信心。

4. 做好学校肥胖控制相关环境、设施的管理和监督工作

校医和保健教师应监督学校运动、饮用水设施、学校食堂、小卖部、学校周边零食摊的状况，及时发现不符合卫生标准和规范的问题，并向学校反映，督促及时整改，保护学生健康。校医和保健教师应配合卫生监督部门开展工作并及时反馈监督结果。

学校有良好的饮用水供应系统是防止学生购买含糖饮料的重要途径之一。无论城市或农村学校，都应该创造条件为学生提供合格的饮用水，校医应督促学校提供相关服务，教育学生饮用白开水。若经济条件较困难的学校不能为学生提供饮用水，校医及保

健教师应该教育学生用大杯从家里带水，不购买和饮用含糖饮料。

开设食堂有学生就餐的学校，校医和保健教师应监督其是否符合相应的标准、规范和管理办法要求。科学指导推广实施“学生营养午餐”，寄宿制学校有条件的还应逐步推广“营养早餐”和“营养晚餐”。有的学校由于用餐人数较少，通常没有开展营养配餐，或准备的食物通常偏咸、不新鲜，类似的情况校医应该向学校反映寻求解决，在条件允许的情况下请专业的营养配餐师为师生配好一年四季的菜谱，提供健康且营养丰富的食物。校医或保健教师也可以向疾病预防控制中心或中小学卫生保健所提出需要营养食谱的请求，由这些单位协助解决。此外，可以在餐厅显眼位置张贴节约食物、合理健康饮食的宣传标语和宣传画，鼓励学生合理及平衡膳食。

此外，校医或保健教师应监督学校食堂及校内小卖部不售卖不健康零食和含糖饮料，自动售卖机不出售不健康零食和含糖饮料，并协同班主任设立规定，监督禁止不健康零食和含糖饮料进入教室。校医或保健教师还应会同学校争取社区相关单位支持，如工商、食品和城市管理执法部门，改善学校周边小商贩小饭馆的食品安全卫生状况，争取其不向学生售卖或限制售卖不健康食品或含糖饮料。同时应教育学生不健康零食和含糖饮料的危害，如油炸食品的油反复使用容易致癌，过多食用可导致肥胖；含糖饮料易导致肥胖和钙质流失，影响生长发育等。

5. 提供肥胖预防控制和心理咨询服务

校医和保健教师应向学生提供关于健康知识和健康生活技能方面的咨询，并能在如何正确预防和控制超重肥胖方面，给学生提出合理科学的建议。这要求校医及保健教师对相关健康知识掌握熟练，并能针对不同的学生提出适合他们的建议。如对于超重肥胖的儿童，建议校医和保健教师向其提供营养餐表或营养餐建议，进行营养膳食干预指导，这要求校医和保健教师对于儿童青少年生理特点、营养需求、平衡膳食要求和各类食物营养素和供能有较清楚的了解。再如对于体重正常的儿童，为了保持正常体重以及维护身体健康，应建议其每天运动 1 小时，而对于已经超重肥胖的孩子，每天则应进行更长时间的运动，并持之以恒。为超重肥胖学生制订个体化运动处方，需要校医或保健教师与体育教师共同协作。

此外，还应特别注意超重肥胖儿童的心理问题，开设心理咨询服务。应及时为超重肥胖儿童疏导不健康心理，帮助他们树立正确的价值观，并勇于面对自己的体型特征，树立控制体重预防肥胖的信心。若肥胖超重的孩子因为自己的体型外观等原因对自己失去信心，产生了自卑心理，甚至是对社会的厌恶情绪，或者发生校园欺凌事件，校医及保健教师应该及时发现并对其进行心理疏导和帮助。若无法克服学生的心理障碍，则校医应建议学生家长带孩子到专业的心理治疗机构寻求帮助。学校也可以邀请相关心理学专家到学校专门为肥胖超重的孩子开展心理讲座。

学校若有条件可以设立单独的咨询室，或者利用校医室作为咨询地点，在每周的固定时间对学生开放，由负责的教师轮流当班。当有学生进行咨询时，应注意学生的隐私保密工作，并对学生耐心讲解和提供建议，对咨询的谈话记录等材料妥善保管。最后，校医和保健教师应就咨询内容整理存档，作为工作记录管理和考核的资料。

6. 与其他老师沟通协作共同控制肥胖

校医和保健教师应与其他老师进行良好的沟通和协作，有利于肥胖控制工作的开展。校医及保健教师应该将掌握的学生营养状况的数据与体育教师分享，并协助体育教师将学生根据其自身营养状况进行分组，安排不同程度的体育锻炼。

校医及保健教师应积极与班主任沟通，使班主任掌握本班学生超重肥胖的情况，了解关于健康教育的基本知识，并配合校医帮助学生预防控制肥胖。如通过班主任鼓励学生按时吃早饭，不吃不健康的零食，每天带杯子到学校喝白开水，不喝含糖饮料；要求学生不可以带不健康零食或含糖饮料进校园、进课堂，否则应予没收，并交还家长；教育家长尽量不给孩子买这些食品，鼓励家长做好监督工作。

校医和保健教师也应注重与其他教师的沟通交流，如语文老师、音乐老师、绘画老师等，有利于在各个班级里开展各种丰富多彩的肥胖预防控制与健康教育活动，如主题班会、演讲比赛、征文征画等。

7. 寻求主管或专业部门帮助，开展肥胖控制工作

学生肥胖防控工作的技术专业性强，校医或保健教师所开展的活动或讲座若自己无法完成，需要专业人员的知识和技术支持时，可以向保健所和疾病预防控制中心等上级教育和卫生主管部门提出需求，邀请专家到学校进行技术指导和举办讲座。学校也可以直接联系相关高校和专业机构的专家，到学校进行指导。

8. 加强交流学习，提高自身业务水平

校医和保健教师自身应积极加强关于肥胖危害与预防控制等健康知识的学习。积极参加由中小学卫生保健所、疾病预防控制中心等上级部门组织的培训和继续教育，努力学习健康教育知识，了解肥胖控制先进方法。充分利用学习过程中的材料，整理汇编教案和课件，以健康教育课或其他方式传授给学生。在培训和继续教育项目中，应积极与专家交流，可结合自己学校的实际情况，以及自己在工作中遇到的问题，请教相关专家，提出建议。

校医和保健教师还应加强与其他区县、学校同行之间的交流与学习，保持良好的沟通，及时掌握本学校及其他学校的肥胖状况和动态，向肥胖控制较好的学校学习先进经验，并应用到自己的学校中来，提高学生体质健康水平，缩小与先进学校之间的差距。

9. 学校学生超重肥胖控制流程图

根据自己学校的情况整理出学生超重肥胖控制流程图，有利于防控工作的开展。流程图示例见图 4-1，可根据自己学校的实际情况进行修改和实施。

体育教师在学校学生肥胖控制和健康促进实施中的工作内容

《体育与健康课程标准》中确定了“健康第一”的指导思想，强调促进身体健康、心理健康和提高良好社会适应能力。体育教师不能再单纯以传授运动技术为主要目标，

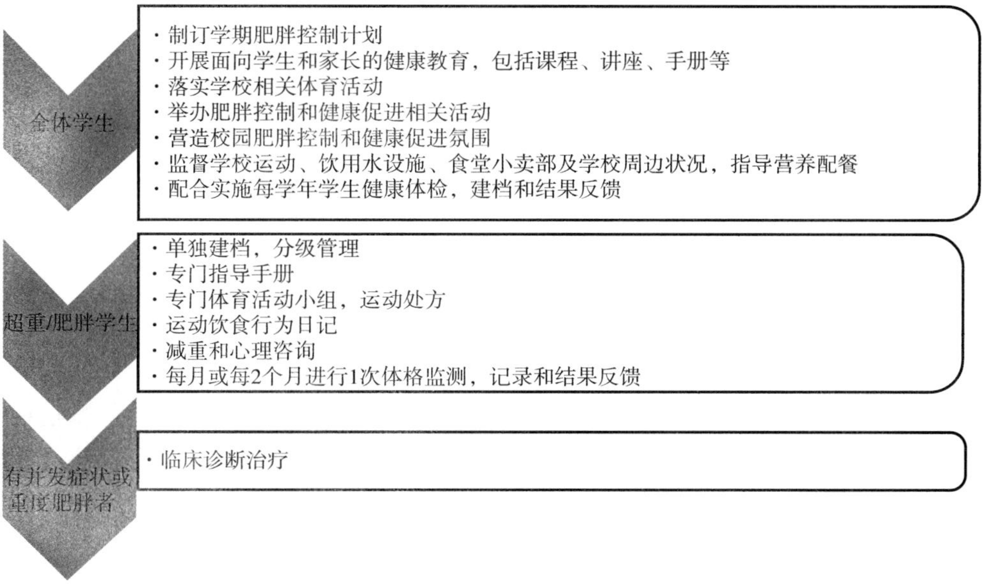

图 4-1　学校学生超重肥胖控制流程图

而是要成为学生主体学习的促进者和进行终身体育锻炼的引导者，使学生懂得健康的重要性，掌握健康相关知识，学会科学的锻炼方法，具备积极参与体育活动的态度，自觉投身体育锻炼，为“完全靠自觉行为来维系的终身体育活动”打下良好基础。体育教师应充分认识到自己在学生健康促进和肥胖控制中的重要性，将预防学生肥胖的工作与体育教学、阳光体育运动和大课间等课外活动结合起来，不仅可以在学生肥胖防控工作中取得良好的效果，也不会增加过多额外负担。

1. 制订学期体育工作计划并实施

体育教研组应依据相关要求，结合学校实际情况，每学期制订详细的学校体育工作计划，并按计划逐步落实，学期末进行工作经验与得失总结。在制订计划时，体育组应注意与学校保健教师在学生肥胖预防控制方面的配合，如参与学生肥胖预防的一般宣教，进行针对超重肥胖儿童单独的锻炼指导工作，以及在学生肥胖预防系列相关活动中发挥作用。每次活动均应保证有计划、有研讨、有记录、有总结。

2. 上好体育课

体育运动是学生预防控制肥胖中的重要组成部分，对于超重肥胖的学生来说，采取体育运动的方式是他们恢复到正常体重水平的主要途径。学生在学校的体育活动时间主要是体育课和课间操，回到家中学生是否运动得不到保障，因此，在校期间的体育课对学生很重要。而体育课普遍不受重视，经常会被其他学科挤占，邻近考试阶段有些学校甚至停止体育课，改为其他主课。学校和体育教师均应充分认识到体育课的重要性，开足上好体育课，保证体育课不被其他科目挤占。体育课每周至少 3 次，每次 40 ～ 45 分钟，并符合《中小学生体育锻炼运动负荷的卫生标准》中的相关规定。

各体育任课教师依据《体育与健康课程标准》制订出符合各年级实际的教学进度，做到上课有教案，课后有小结。体育教研组应定期开展教科研、集体备课等活动。做到提高学生的运动参与态度和行为、掌握运动技能、促进其身体健康及心理健康和提高社会适应能力。体育组和学校相关领导应组织进行体育课督导，保证体育课达到如下要求：①有氧运动要求在每节课程中达到 25 分钟（1 节课 40 分钟）或者 30 分钟（1 节课 45 分钟）。有氧运动是指全身大肌肉群参加的周期性中低强度、连续不断、较长时间的运动，要作为体育课的基本部分。有氧运动强度要求达到最大心率的 60% ~ 70%，即心率达到 120 ~ 200 次 / 分钟（没有心率表记录时，可以让高年级学生自己数脉搏来判断运动是否达到强度）。②体育课密度要求达到 30% ~ 40%。体育课密度指一节体育课内学生身体活动的时间占这节课总时间的比例，使用秒表记录。③心率的高峰值应出现在第 24 ~ 30 分钟，课程结束时心率下降。如果没有心率表记录，则教师可通过观察大部分学生是否在 24 ~ 30 分钟时面色发红、出汗较多来判断。在课程的整理活动部分，运动强度应当下降为心率 100 ~ 120 次 / 分钟，此时也可以通过观察大部分学生是否在这个时段仍然面色发红、出汗较多来判断心率是否合适，保证在体育课结束时心率下降，以免影响学生下节课的学习状态。体育教师在体育课后以及假期可布置体育作业，通过家长监督记录，在无体育课时也保证学生每天的运动量。

体育教师应该充分认识到，体育教学的任务不仅仅是让学生活动，而是培养学生对体育运动的兴趣，以及学习调控情绪、克服困难的意志。“快乐体育”的概念引入中国后，部分人曲解了“快乐运动”的意思，过分注重孩子们“玩”体育，曲解了其改“你让我锻炼”为“我自己要锻炼”的真正用意。体育教师在开展相关工作时应该注意这一点。

3. 积极开展阳光体育运动

学校和体育教师应响应国家的号召，积极开展阳光体育运动。2006 年，教育部、国家体育总局、共青团中央联合下发了《关于开展全国亿万学生阳光体育运动的通知》，提出要以“达标争优、强健体魄”为目标，使 85% 以上的学校能全面实施《学生体质健康标准》，使 85% 以上的学生能做到每天锻炼 1 小时，达到《学生体质健康标准》及格等级以上，掌握至少两项日常锻炼的体育技能，形成良好的体育锻炼习惯。《学生体质健康标准》测试成绩要记入中小学生成长记录或档案中，并作为毕业、升学的重要依据。同时配合体育课教学，与课外体育活动相结合，保证学生平均每个学习日有 1 小时体育锻炼时间。特别是要大力推行大课间体育活动形式，同时积极创建中小学快乐体育园地，学生体育活动小组，广泛开展体育集体项目的竞赛、主题鲜明的冬季长跑、有地方特点和民族特色的学生体育活动等，丰富学生课外体育活动的形式和内容。并通过多种形式，大力宣传阳光体育运动，广泛传播健康理念，使“健康第一”“达标争优、强健体魄”“每天锻炼 1 小时，健康工作 50 年，幸福生活一辈子”等口号深入人心。

阳光体育运动的推出，是学校体育以“健康第一”思想为指导全面实施素质教育的重要体现，学校要明确校长作为学校阳光体育第一责任人所承担的责任，要制订学校各行政和职能部门的职责和要求，制订具体的措施，以《国家学生体质健康标准》为基础，以体育教学、课外体育活动为载体，营造良好的舆论氛围，组织落实阳光体育运动。特别是组织好几项刚性要求和活动，如每天锻炼1小时、大课间、冬季长跑等，在学校层面应形成制度约束机制，并纳入学生奖惩考评体系，以达到规范学生体育行为的目的。

大课间将原有课间操时间延长，充实内容，是保证落实每天锻炼1小时的重要形式。大课间活动时间宜在25～30分钟，可在上午、下午各设置一个大课间。学校应积极创新，除广播操外，可在大课间开展多种形式的体育活动。这也要求体育教师在尽量短的时间内组织各个班级整理好队伍到相应的运动场地集合，并组织一些真正能使全体学生达到运动效果的运动，如花样跑步，集体舞，健美操，各类跳绳等。花样跑步运动中，学生在以班级为单位进行跑步的同时变换着自己队伍的造型和速度，并与其他班级的队伍穿插跑步，组成各种队形和图案。花样跑步全体学生都全程参与，不仅锻炼了学生身体，还让跑步变得有趣，培养了学生跑步的兴趣。课间活动应因时因地制宜，如有些学校因为条件限制，运动场地很小，可以考虑在教室或楼道内让孩子运动，进行如“课间快乐十分钟”活动等。在酷暑难耐的夏日，烈日下剧烈活动可能会造成中暑，若学校操场周边及篮球场等活动场地有大树遮阴，则应鼓励孩子根据自己的喜好在荫凉处进行踢毽子、跳绳、打球等体育运动。有条件的学校可在室内运动场所开展活动。体育教师也应该鼓励学生在课间时间走出教室，走进运动场地，快乐运动，放松自己。

4. 开展课外体育活动

除体育课和大课间外，还应灵活组织内容多样的校内外课外体育活动，课外体育活动参与人员多、工作量大，仅靠体育教师难以完成，应建立课外活动管理制度，可由副校长主管，学生科、班主任、值周教师、保健教师和学生会等参与辅导和管理，并进行考勤和检查评比。学期末对先进班级、教师和学生给予表扬和奖励。项目选择上，应结合体育教学内容和学校体育竞赛项目，使体育教学、运动训练和课外活动能相互促进，如田径和篮球、排球、足球、乒乓球、羽毛球等项目。可根据季节和学生兴趣选择活动，如向学校建议组织春季爬山、野外训练、冬季长跑等活动。注意应选择能使较多人都参与的项目，如慢跑、接力跑、走跑交替、球跑等。也可以给学生提供游戏方案，如老鹰抓小鸡、拉网捕鱼、猫捉老鼠等趣味运动，鼓励学生在放学后与同学一起在操场上做游戏。

5. 与校医和保健教师配合开展肥胖控制工作

在以学校为基础的学生肥胖控制中，仅靠校医或体育教师单独的力量是不够的，应互相配合，共同开展工作。体育教师主要负责以锻炼为主要形式的预防控制工作。体育教师应该将每天运动1小时的理念传达给每一位学生，并从学校制度上保证学生每天中高等强度运动时间达到1小时以上。因体育课并不是每天都有，单纯依靠体育课运动时间达不到要求，所以开展好课间活动和课后活动非常重要。

在进行健康体检和体育测试后，体育教师应该及时与校医沟通，通过体检和测试数据分析学校学生当前的身体素质水平，以及近年来变化趋势，结合学生营养状况，将结果汇总后形成书面报告，及时上报给学校相关领导，以此现状为依据一起商议制定提高学生身体素质的措施和学校政策。对于体检筛查出的超重和肥胖学生，可在根据校医单独建立的肥胖控制管理档案中，设立个体体育运动管理的分项目，将学生根据其自身营养状况分组，指导帮助超重肥胖学生制订相应的运动方案进行减重或控制体重，并成立由体育教师专人负责的超重肥胖学生课外体育活动小组如“可爱嘟嘟训练营”等，指导学生锻炼。

6. 超重和肥胖的学生的体育运动管理

体育教师应帮助超重肥胖学生制订有针对性的运动处方，具体到运动项目、运动强度、运动时间等，并指导和督促其锻炼。根据美国运动医学会推荐的运动处方方案，结合儿童和青少年的身心发育特点，以及学校和家庭的实际可操作能力，进行以控制体重和减重为目的的体育活动，基本要求是以有氧运动作为活动的基本部分，运动强度要求达到最大摄氧量的65% ~ 75%，伸展性练习适合在有氧活动前的准备活动和结束后的整理活动进行，强度为最大摄氧量的10% ~ 40%。儿童中常见的有氧运动如韵律操、步行、慢跑、骑自行车、上下台阶、跳绳、登山、游泳、非竞赛性球类运动等。考虑到肥胖儿童是潜在的低运动能力的人群，因此，最好采用低起始负荷的运动，每级以较小负荷递增的方案。可参考本项目系列图书《儿童青少年体育课和课外体育活动指导——有氧适宜运动处方汇编》。若体育教师没有足够的专业知识指导学生，可以请相关专家或专业人士到校为学生进行指导。

7. 组织体育比赛

每学年可定期举行学校运动会，也可将各项体育活动比赛合理分配在全年的各个时期，号召和要求同学必须参与几项活动。体育比赛以赛带动，可以有效地促进课外体育活动的开展和同学们的锻炼积极性，也能够展现学生运动锻炼的效果。除传统项目如篮球、足球、排球、乒乓球、羽毛球等外，可多开展激发学生体育运动热情的比赛，如踢毽子比赛、集体跳绳比赛等。另外应考虑开展学生参与率高的比赛，如集体跳绳比赛、多人接力赛、拔河比赛等。对优秀的班级和个人给予奖励，比赛成绩可计入班级学期末综合排名中，以达到激励目的。比赛可以常态化，成为经常性比赛；除班级、年级之间可以互相比赛竞争，学校之间也可组织校际联赛，并争取上级主管部门支持。

8. 申请购置、管理体育器材和设施

应根据相关设备规定要求，负责申请购置、管理和维护体育器材、场馆设施等，学校应保证开展体育工作所需的经费。可根据学生喜好以及现阶段生长发育要求，呼吁学校多置办相应的运动装备，如可为班级购置毽子、大小跳绳、篮球、足球、羽毛球等，提高运动可及性，充分发挥学生的运动热情。有条件的学校可以建设室内体育场馆，如乒羽球馆、游泳馆等。条件较差的学校可以创造条件自制简单运动器材，鼓励学生运动。学校运动场馆和设施应该在放学后和假期间仍向学生免费开放。某些城市中心中小学校场地受限，应充分协调利用社区内街道、公园、附近高校及公共运动场馆等，组织学生进行体育运动锻炼。

9. 学习与培训

教师的职业特点决定了教师应在不断学习中提升自身的专业能力水平，体育教师与时俱进与其他学科一样重要。《国家学校体育卫生条件试行基本标准》中规定，中小学体育教师必须经过体育专业学习或培训，获得教师资格证书，并且每学年接受继续教育应不少于48学时。体育教师应该通过各种形式参加学历进修和继续教育，丰富和提高自身的知识水平，以适应新课程改革的要求，掌握相关教学方法与技能，特别是学习相关肥胖预防控制方法。学校和主管部门也应进一步健全体育教师专业发展培训制度，广泛开展各级各类有针对性的培训，为体育教师的专业成长提供保障。体育教师也可根据本校体育教学和学生身体素质特点咨询专家、积极与他校同行交流，促进本校体育发展。

第五部分 “快乐运动 健康饮食”项目活动示例

“快乐运动 健康饮食”项目启动会

一、参会人员

地区疾病预防控制中心和中小学生卫生保健所相关领导及指导人员、教育系统领导，以及分管健康教育课的相关人员、应邀的高校从事儿童青少年卫生的相关专家、参与校学校领导、校医、体育教师、教师代表、学生代表、家长代表等。

二、会议内容

分析当前学校的超重肥胖情况，介绍肥胖的危害以及预防肥胖的重要性，以及肥胖预防的策略计划和预期达到的目标。如北京市房山区某小学的超重肥胖率达到22%，严重危害学生的健康以及学习。预定的目标是经过一系列干预活动，超重肥胖率在目前基础上降低10%。

项目以《学生肥胖控制和健康促进——中小学校指导手册》为参考，以社会生态学模型为理论基础，以学校为核心，进行“学校 - 学生 - 家庭”三位一体的肥胖预防控制。干预内容包括：

- 通过学生为每个家庭发放“快乐运动，健康饮食”倡议和建议书，建立家庭支持、督促环境；
- 组织学生健康教育讲座和健康教育活动，并发放《怎样才能不肥胖》一书作为饮食运动干预指导；发放儿童饮食运动行为日记表，进行督促；
- 组织家长健康教育讲座；
- 进行校园宣传，提供文字、图片和音频素材，使学校利用海报、墙报、黑板报、广播、电子屏或网站等进行肥胖预防控制宣传；
- 拒绝不健康零食 / 含糖饮料进入教室，学校提供白开水，学校食品售卖部不提供不健康零食 / 含糖饮料。
- 学校保证必要的体育设施；学校体育课达到标准，并进行体育课卫生督导；
- 实施阳光体育活动，保证 1 小时体育锻炼制度；
- 开展 1 ～ 2 次全体学生参与的运动，并 / 可配合肥胖儿童分组趣味运动会；建立肥胖学生档案，并 / 可开展肥胖儿童课外运动小组活动；

- 学校应达到《中小学生健康检查表规范》《学生健康检查技术规范》《中小学生体育锻炼运动负荷卫生标准》《学生营养午餐营养供给量》《中小学健康教育规范》等国家标准。

下文将做详细阐述。

活动过程中和结束后，检验一系列活动取得的效果，总结经验，表彰奖励先进学校、年级、班级和个人，分析开展过程中所遇到的困难，并找到克服这些困难的方法，为以后的工作打下良好的基础。

“快乐运动　健康饮食”倡议和建议书

为家长发放“快乐运动，健康饮食”倡议和建议书，建立家庭干预、支持、督促环境。倡议和建议书可通过家长会分发给各位家长，或者由学生带回家中给家长。倡议书家长和学生签字后交回学校；建议书从实用角度，以尽量简明扼要的文字为每个家庭普及“快乐运动，健康饮食”相关知识，作为家庭饮食运动干预的指导。

1.“快乐运动，健康饮食”倡议书

尊敬的家长：

随着现代生活水平的提高，儿童和青少年肥胖的发病率逐年上升。肥胖能导致诸多疾病，世界卫生组织已将肥胖定为慢性疾病，认为肥胖是“人类健康的三大杀手”之一。

肥胖对健康的危害包括身体和心理两方面。身体健康危害主要是：儿童肥胖如果不进行预防和治疗，约60%成年后仍肥胖；肥胖可引发高血压、高血脂、糖尿病以及心脑血管疾病；肥胖者易患某些癌症，如结肠癌、直肠癌等；肥胖易引起肝胆疾病及结石；肥胖可引起骨关节疾病，体重过度增加能使关节磨损或撕裂；肥胖可致性发育异常、月经不调等；肥胖儿童身体臃肿，行动不便，也懒于锻炼，他们身上很多器官的功能和运动能力明显低于正常体重儿童。心理健康影响主要是：肥胖或超重的孩子在学校容易被其他伙伴起小外号，影响孩子心情；容易使人自卑，失去信心，进而影响学习成绩；肥胖还常常与贪吃、懒惰等不良行为习惯有关。

孩子是我们的希望，也是祖国的未来。儿童时期是培养健康的生活习惯和行为方式的最好时期，关系到儿童以后的身心健康及家庭幸福，更关系到民族的素质和国家的前途。家庭是孩子的第一所学校，家长是孩子的第一任老师，为孩子营造健康向上的生活氛围，是家长义不容辞的责任。学校是孩子学习的天地，孩子的大部分时间在学校中度过，教师是辛勤哺育孩子成长成才的园丁，促进孩子的健康成长也是教师义不容辞的责任。

我们呼吁：共同行动起来，改善我们自己的生活方式和行为，做孩子们身边的榜样，教育和帮助孩子树立健康的生活习惯，远离肥胖。

针对以上问题，我校将进行“快乐运动 健康饮食”主题活动，内容涵盖了营养、运动等各方面的内容，帮助体重正常的学生学会如何合理地选择食物，合理地进行体育锻炼，并帮助已经超重或肥胖的学生控制体重并恢复到正常水平，使孩子们达到真正健康生活、健康成长的目的。

为此，我们倡议，从现在做起：

1. 关注孩子的超重和肥胖问题，充分了解超重肥胖的危害，教育孩子要保持正常的体重，并从自己做起，言传身教。

2. 响应学校“快乐运动 健康饮食”活动的号召，积极参加学校组织的各项活动。

3. 达到“快乐运动 健康饮食”中“52110”的目标。即：教育孩子每天吃5个成年人拳头大小的蔬菜和水果，控制孩子看电视、使用电脑、玩电子游戏这类静态活动时间每天不超过2小时，每天吃1个成年人手掌心大小的肉，督促孩子每天进行1小时以上中等或高等强度运动，教育孩子不喝含糖饮料。

4. 教育孩子养成良好的运动饮食行为后一定要坚持，做事不要半途而废，这样家人和孩子将终身受益。

××××××学校

年　　月　　日

家长签名__________________

学生签名__________________

2.“快乐运动　健康饮食”建议书

合理的膳食结构和健康的饮食行为不仅能够保证孩子的生长发育对营养素的需要，还对成年后的健康产生深远的影响。体育运动可以促进孩子心肺功能、骨骼肌肉的发育，提高孩子的耐力、免疫力，并能控制体重，预防肥胖。以下是“快乐运动　健康饮食”的具体建议：

一、健康饮食

1. 建立合理的膳食结构

随着食物供应的不断丰富，人们不合理的膳食结构问题日益突出，肉类和油脂消费的增加导致膳食脂肪供能比快速上升，谷类食物消费下降。

根据《中国居民平衡膳食宝塔》的推荐，我们应该做到几下几点：

（1）谷物和薯类作为主食，每天要吃250～400g，2.5～4碗（每碗约100g；碗口径10～11cm，深5～6cm）。

（2）每天吃2～3个成年人拳头大小的蔬菜，300～500g；同时，每天还要吃2～3个成年人拳头大小的新鲜的水果，200～400g。蔬菜水果共吃5个成年人拳头的量。

（3）每天吃1份肉。1份肉，80～110g，相当于1个成年人的手掌心（不包括手指）的大小及厚度。

（4）每天至少要喝1份纯牛奶（250ml）或者2份酸奶（每份125g）。

（5）每人每天吃油限量为25g（大拇指的指尖部分相当于1小勺油，约5g）；每人每天盐摄入的限量大约6g（约1个啤酒瓶盖）。

（6）注意三餐的合理搭配。合理安排一日三餐的时间及食量，进餐定时定量。早餐提供的能量应占全天总能量的25% ~ 30%，午餐应占30% ~ 40%，晚餐应占30% ~ 40%。

2. 培养健康的饮食行为

养成健康的饮食行为习惯，对健康十分有益。以下几个饮食习惯非常重要，家长一定要和孩子一起培养，逐渐形成这些良好的习惯：

（1）每天吃早餐，并吃好早餐。若是孩子不吃早餐或者没有吃好早餐，到后几节课就觉得饿，注意力下降，上课打瞌睡，影响学习成绩。不吃早餐还易引发心慌、头晕、抵抗力下降等问题。不吃早餐还容易导致孩子中午及晚上吃得过多，引发肥胖。优质早餐应该包括谷类及薯类、肉类、奶豆类和蔬菜水果类4类食物。

（2）西式快餐要少吃。西式快餐是高脂肪、高热量、低维生素的食品，几乎不含什么营养素。经常吃西式快餐会摄入过多的能量，多余的能量转化成脂肪，引发肥胖。

（3）不喝含糖饮料。喝含糖饮料会引起龋齿、身材矮小，还会导致肥胖。尤其是碳酸饮料，酸性成分会与钙发生反应，造成骨质疏松，易骨折。因此，家长和孩子一起，不喝含糖饮料，要喝白开水。白开水是最好的饮品，孩子应该每天喝5 ~ 6杯（1杯为240ml，总共1200 ~ 1500ml）的白开水，要少量多次主动喝，不能等到渴了再喝。

（4）正确吃零食。不是不能吃零食，而是要正确地吃零食。吃零食要适时，临睡前不吃零食、正餐前不吃零食、看电视时不吃零食；要正确选择零食，要选择营养价值高的食物，如牛奶、酸奶、水果、坚果等，尽量不吃的零食包括各种膨化食品、炸薯片、炸鸡腿、腌制食物、街头食品等；吃零食不能过量，否则会引起肥胖。

（5）细嚼慢咽，控制进食量。细嚼慢咽不仅可以有助于消化，也可以防止过量进食。吃饭过快容易进食过量，引发肥胖，也容易消化不良，引发消化系统疾病，如溃疡。进餐所用餐具宜小巧，分餐、分盘、定量，防止进食过多。对一般人群来说，每天减少热能摄入即便是很小量（1 ~ 2口米饭或3个饺子），也可以对控制体重起到重要作用。

（6）改变烹调方式，以煮、蒸、凉拌等为主，不用或少用煎、炸等方法。炒菜时尽量不用动物油，并少放油。

二、快乐运动

运动的好处很多，运动可以促进孩子的心脏和肺功能的发育，增加肺活量，增强心脏的收缩力，提高孩子的耐力；运动可以促进骨骼和肌肉的发育，使孩子长得更高，身体更强壮；运动是控制体重、预防肥胖的重要方法。因此，我们要每天进行运动。

1. 每天进行体育运动

每天应该保证进行累计1小时以上的中高强度运动。

轻度强度运动是指在运动时身体感到舒服、不累，呼吸顺畅的运动，如散步、家务等。

中等强度运动指的是那些让孩子少量出汗、略微气喘吁吁的运动，感觉用力但不吃力，活动的同时可以随呼吸的节奏完整说一句话，但不能唱歌。中等强度运动包括中等速度跑步、跳舞、上下楼梯、原地投篮球、打乒乓球和游泳。

高等强度的运动指的是运动时孩子大汗淋漓、很吃力的运动。高等强度运动包括打篮球、踢足球、赛跑、跳绳、登山、打网球和重体力家务活，如背着重 11kg 以上的包等。

孩子可以每天进行不同的运动项目，可以一次完成 1 小时的中高强度的运动，也可以分成几次进行，一次不少于 10 分钟（不包括准备活动的时间），这样才有效果。可以培养自己喜欢的 1 ～ 2 项体育爱好，也可以在课余时间参加自己感兴趣的小组活动或培训班，并坚持下去。

2. 运动的方法

下面是一次运动的过程，孩子可以参考以下过程来运动：

（1）首先进行 5 ～ 8 分钟的准备活动，可以进行伸展练习。

（2）在准备活动之后进行 20 ～ 30 分钟的慢跑或者广播操。

（3）休息一会儿再进行 30 ～ 40 分钟自己喜欢的体育活动，比如跳绳、打篮球、游泳、踢足球等，男同学可以做俯卧撑，女同学可以做仰卧起坐。

（4）在运动完后进行 5 ～ 8 分钟的整理活动，可以慢走或做伸展运动。

特别注意：准备活动的时间不算在这 1 小时中高等强度活动时间内。

3. 减少静态活动时间

鼓励孩子多活动，减少静态活动的时间。具体如下：

每天看电视、使用电脑、玩电子游戏的时间不超过 2 小时，课间 10 分钟离开座位去做游戏等身体活动，学习要每隔 40 分钟活动 1 次，假期作息时间要规律。

每天尽量步行上下学，如果家离学校远必须要坐车，可以提前一站下车，尽可能多走，但是要注意安全；每天步行上下楼梯，不坐电梯；鼓励孩子积极做一些力所能及的家务，如洗碗、擦桌子、拖地等。

我们的口号是：能站就不要坐，能走就不要站，能跑就不要走！

三、坚持

孩子开始建立和培养习惯会遇到各种困难，这时我们要鼓励孩子必须坚持下去，并且让孩子相互鼓励，这样才能适应和形成新的习惯。保持良好的习惯，只有坚持才能见效。同时，鼓励孩子坚持也有助于培养孩子坚强的毅力，对其自身发展有利。

为了孩子的健康，为了孩子的明天，希望您在家里指导孩子做好体重控制工作。希望通过学生、家庭、学校的共同努力，使孩子的体重保持在正常标准范围内。

附：怎样判断自己是胖是瘦呢？

我们用“体质指数法”（BMI）来计算。具体计算方法是以体重（kg 为单位）除以身高平方（米为单位），即：

$$BMI = \frac{\text{体重（kg）}}{\text{身高（m）} \times \text{身高（m）}}$$

用计算器来计算一下你自己的BMI吧！算出自己的BMI后，对照下面的表格，男生对照男生的表格，女生对照女生的表格，看一看自己到底是胖是瘦。

我的体重是________kg

我的身高是________m

所以，我的BMI是________kg/m^2。

对照下表，我的营养状况是：______

中国男孩7 ~ 18岁营养状况判定的BMI标准

年龄	消瘦	正常	超重	肥胖
7 ~	< 13.9	13.9 ~ 17.3	17.4 ~ 19.1	≥ 19.2
8 ~	< 14.0	14.0 ~ 18.0	18.1 ~ 20.2	≥ 20.3
9 ~	< 14.1	14.1 ~ 18.8	18.9 ~ 21.3	≥ 21.4
10 ~	< 14.4	14.4 ~ 19.5	19.6 ~ 22.4	≥ 22.5
11 ~	< 14.9	14.9 ~ 20.2	20.3 ~ 23.5	≥ 23.6
12 ~	< 15.4	15.4 ~ 20.9	21.0 ~ 24.6	≥ 24.7
13 ~	< 15.9	15.9 ~ 21.8	21.9 ~ 25.6	≥ 25.7
14 ~	< 16.4	16.4 ~ 22.5	22.6 ~ 26.3	≥ 26.4
15 ~	< 16.9	16.9 ~ 23.0	23.1 ~ 26.8	≥ 26.9
16 ~	< 17.3	17.3 ~ 23.4	23.5 ~ 27.3	≥ 27.4
17 ~	< 17.7	17.7 ~ 23.7	23.8 ~ 27.7	≥ 27.8
18 ~	< 18.1	18.1 ~ 23.9	24.0 ~ 27.9	≥ 28.0

中国女孩 7 ~ 18 岁营养状况判定的 BMI 标准

年龄	消瘦	正常	超重	肥胖
7 ~	< 13.4	13.4 ~ 17.1	17.2 ~ 18.8	≥ 18.9
8 ~	< 13.6	13.6 ~ 18.0	18.1 ~ 19.8	≥ 19.9
9 ~	< 13.8	13.8 ~ 18.9	19.0 ~ 20.9	≥ 21.0
10 ~	< 14.0	14.0 ~ 19.9	20.0 ~ 22.0	≥ 22.1
11 ~	< 14.3	14.3 ~ 21.0	21.1 ~ 23.2	≥ 23.3
12 ~	< 14.7	14.7 ~ 21.8	21.9 ~ 24.4	≥ 24.5
13 ~	< 15.3	15.3 ~ 22.5	22.6 ~ 25.5	≥ 25.6
14 ~	< 16.0	16.0 ~ 22.9	23.0 ~ 26.2	≥ 26.3
15 ~	< 16.6	16.6 ~ 23.3	23.4 ~ 26.8	≥ 26.9
16 ~	< 17.0	17.0 ~ 23.6	23.7 ~ 27.3	≥ 27.4
17 ~	< 17.2	17.2 ~ 23.7	23.8 ~ 27.6	≥ 27.7
18 ~	< 17.5	17.5 ~ 23.9	24.0 ~ 27.9	≥ 28.0

“快乐运动　健康饮食”肥胖控制健康教育课

以本项目《怎样才能不肥胖》为基础，对学生和家长进行健康教育，使他们能获得肥胖控制和健康促进的健康知识、态度、理解力和健康技能，培养他们的健康意识和行为习惯。本项目健康教育课分为 4 个部分：①什么是肥胖；②预防肥胖，合理膳食；③健康的饮食习惯；④快乐运动，健康成长。以下做简要阐述，详细教案及课件请见本项目另册图书《儿童肥胖预防与控制——学校健康教育指导用书》。学生健康教育课可分 3 ~ 6 次讲授，家长健康教育课可利用家长会或学校主题活动分 1 ~ 2 次讲授。授课可由校医或保健教师、健康教育教师或外请专家进行。

【第一课：什么是肥胖】

教学目标：①正确判断自己的胖瘦；②掌握肥胖的危害是什么；③掌握肥胖是怎样形成的。

教学重点：肥胖的判断标准是什么，肥胖的危害，肥胖的形成原因。

教学难点：正确判断自己的胖瘦。

教具：多媒体教学设备（无条件的学校利用板书、讲义）、计算器、中国中小学生营养状况评价盘［或“中国学龄儿童青少年 BMI（kg/m^2）超重 / 肥胖筛查标准”（见第一部分中“肥胖的筛查和诊断标准”）］。

教学内容：

1. 教授学生利用公式计算体质指数 BMI，并参照评价盘或评价表，判断自己的营养状况。教师可进行统计，现场计算本班的超重肥胖率。

2. 讲授肥胖在身体和心理两方面对健康的危害，并举事例或图例说明。可请学生小组讨论除列举的疾病外，肥胖还可以引起哪些疾病及其危害。

3. 从能量的摄入和消耗，说明肥胖形成的基本原因在于“吃得多，动得少”。为了将体重控制在适当的范围内，应该正确饮食、科学运动。

【第二课：预防肥胖，合理膳食】

教学目标：①正确控制体重的方法，记住“52110”。②掌握每天摄入的5大类食物种类及食用量，会使用中国居民膳食宝塔。

教学重点：正确控制体重的方法；记住并会应用“52110”；5大类食物每天的食用量。

教学难点：5大类食物的每日食用量。

教具：多媒体教学设备（无条件的学校利用板书、讲义）、中国居民膳食宝塔图、标准碗、尺子、油壶、食物份模型等。

教学内容：

1. 处于生长发育时期的儿童青少年，既需要保证各种营养素的摄入，也要避免摄入过多，而且每天需要必要的运动，来促进生长发育、预防肥胖。简单总结为“52110”，即：每天吃5份蔬菜水果、看电脑电视手机时间少于2小时、每天吃1份肉、每天中高强度运动大于1小时、不喝含糖饮料。

2. 每日的正餐都应包含5大类食物，即：谷类和薯类、蔬菜和水果、肉和蛋、奶和豆、盐和油。

3. 教师可应用模具，帮助学生认识推断自己每天吃的各类食物量是否适宜。请同学讨论如何增加蔬菜水果及奶类摄入，减少肉类摄入。

【第三课：健康的饮食习惯】

教学目标：①掌握健康的饮食习惯有哪些。②掌握健康饮食习惯的具体做法，并改变自己的不良饮食习惯。

教学重点：健康的饮食习惯。

教学难点：养成和保持正确的饮食习惯。

教具：多媒体教学设备（无条件的学校利用板书、讲义）、普通矿泉水瓶。

教学内容：

1. 养成良好的喝水习惯，每天喝1200～1500ml白开水，不喝或少喝含糖饮料。举例说明长期喝含糖饮料的危害。

2. 吃好早餐，早餐内容应该包括谷类及薯类、动物性食物、奶类和豆类、蔬菜和水果4大类。

3. 不吃西式快餐，减少在外就餐。

4. 健康烹调，少食用煎炸食物，多食用煮蒸凉拌菜式。使用小巧餐具，分餐、分盘、定量，细嚼慢咽。

5. 正确吃零食。使学生学会区分健康与不健康零食，选择在正确的时间吃零食，吃适当量的零食。

6. 教师请学生总结自己良好或不良的饮食习惯，并制订相应保持或改正计划。请学生讨论家中父母做饭饮食方式是否健康，以及如何帮助父母养成健康饮食习惯。

【第四课：快乐运动，健康成长】

教学目标：①掌握运动的益处。②怎样通过运动来控制体重。

教学重点：通过科学合理的运动来控制体重。

教学难点：通过科学合理的运动控制体重。

教具：多媒体教学设备（无条件的学校利用板书、讲义等）。

教学内容：

1. 运动可以促进骨骼肌肉和心肺发育，使儿童青少年长得更高更壮，并有效预防肥胖。

2. 使学生学会区分轻等强度、中等强度和高等强度的3类运动。每天应该进行1小时以上中等或高等强度的运动。教师请学生讨论分析自己的运动强度及运动量，并制订合理的运动计划。

3. 快乐运动从身边的点滴做起，并持之以恒。教师请学生讨论可以改变的增加运动量的生活小细节，可以举例请学生讨论遇到困难不能坚持时应该怎么办。

“快乐运动　健康饮食”儿童饮食运动行为日记表

一、活动目的

围绕快乐运动健康饮食“52110”的目标，通过每天记录儿童饮食运动行为习惯，使教师、家长和儿童本身了解自己的饮食运动是否符合健康指导要求。通过建立互评、奖励等措施督促儿童采取健康的饮食运动行为。

二、活动时间

项目期间全体同学均参与。此后建议肥胖和超重儿童坚持记录。

三、活动组织者

校医、班主任、班长、学生健康小组长等。

四、活动内容及方法

1．儿童在家长监督帮助下，每天按照以下饮食运动行为记录表（表5-1）进行记录，达到1项则在空格处画（或贴）1张笑脸。

2．儿童每周将记录表交回班中，由小组长协助班主任统计谁的笑脸数最多，按班级人数10% ~ 20%给以小红花奖励。

3．项目结束后，按整个周期计算，评选班级人数的前10%为“健康小标兵”，并给予一定物质奖励。

表 5-1 饮食运动行为记录表

第______周行为记录

（从______年______月______日到______年______月______日）

	周一	周二	周三	周四	周五	周六	周日
每天吃 5 个成年人拳头大小的蔬菜和水果							
每天看电视和玩电脑时间小于 2 小时							
每天 1 小时以上中等及以上强度运动							
每天吃肉不超过 1 个手掌心大小							
不喝（0 次）含糖饮料							

笑脸数目：　　　　　　　　奖励记录：

“快乐运动　健康饮食”校园宣传活动

1．“快乐运动 健康饮食”海报、墙报宣传

一、活动目的

为本次“快乐运动，健康饮食”活动营造一个良好的校园环境，并普及正确保持良好体重、正确选择食物以及科学运动的知识，学校组织张贴墙报、海报对健康饮食及运动进行宣传。

二、活动组织者

校领导、校医、班主任。

三、活动内容及要求

1．活动期间，在适宜的几个地点，张贴学校校园海报（板报）整版。

2．班级板报（墙报）在活动开始时整版一次，其后预留出一个“‘快乐运动健康饮食’角”，班主任安排学生每周定时更换内容（8 个知识点）。内容由校医提供，知识点参考《怎样才能不肥胖》及健康教育课（书后彩图 1 至彩图 10 为墙报和海报示例）。

3．海报、板报和墙报应主题鲜明，内容新颖，规范美观。版面要设计合理，编排得当。文字、图画之间有穿插变化，文字书写工整。

2．“快乐运动 健康饮食”电子屏及横幅宣传

一、活动目的

通过电子屏和横幅宣传，可以使师生们在课余时间以及放学前后看见宣传内容，也可使接送孩子的家长看到相应内容，促使家长采取行动。随着学校基本设施建设的改善，很多学校都有自己的电子滚动屏幕，在进行快乐运动健康饮食活动时期要充分利用电子屏进行宣传。

二、活动方法

电子屏幕若较小较长，则选择长度较小的标语进行宣传，若电子屏幕较大，可以将上述广播稿中的精炼的内容附上要孩子们在课余时间反复熟悉，并逐渐改变自己的不良习惯。

没有电子屏的学校可以采用横幅的形式进行宣传，将横幅挂在学校入口处，对学生、家长进行宣传。有电子屏的学校也可并行使用横幅。

三、活动要求

1．电子屏字颜色对比清晰，亮度与可见度好，字体工整，字的大小适中。不能太小，远处看不到，也不能太大，尽量不要 1 个句子分好几段。

2．每天换 1 条标语，可制作 5 条标语，每天一换，每周循环播出。时间贯穿于整个项目活动。

3．使用横幅的学校，以 3 ～ 5 条为宜，挂横幅的时间贯穿整个项目活动，可交替悬挂。挂完后不要丢弃，将来可循环利用。

四、内容示例

1．较小的电子屏：“快乐运动，健康饮食”“预防肥胖，从我做起”。

2．较大的电子屏：“肥胖是健康的杀手，容易让人们患高血压等慢性病，并影响学习成绩。我们应该从现在做起：快乐科学的运动，每天达到 1 个小时以上；合理地选择食物，不吃不健康零食。做一个健康成长的祖国小栋梁！”

3．横幅标语：“每天运动 1 小时，拒绝饮料与零食！”

“预防肥胖，做祖国健康好儿郎！”

3．“快乐运动 健康饮食”广播宣传

一、活动目的

为了营造健康饮食快乐运动的活动氛围，以更好的预防和控制肥胖，学校利用课间时间广播的方式，向学生宣传肥胖的危害以及正确预防的方法。

二、活动时间及次数

从学校肥胖预防项目启动会后的第一周开始，每周一下午第一节课后（学校可根据自己的教学与课程安排另选择合适的时间），通过广播对学生进行宣传，连续广播持续 7 周。前 6 周主要广播知识对学生们进行宣传教育，第 7 周邀请几位同学到广播室内，进行一个小型采访，看看同学们在这段时间中都学到了什么。

三、活动方法

从本学校的各个年级中选择 7 名学生分别负责一次广播。评选播音员要求：普通话标准，声音洪亮，吐字准确规范，清晰流畅，广播时语速适中流利，朗读时投入感情，有感召力，能吸引同学们倾听。被选中的小广播员负责广播的学生要提前熟悉广播稿内容，并练习，争取以讲故事的口吻进行朗读。校医负责协助辅导。

四、广播稿示例

第一周：____月____日

亲爱的同学们大家好，我是今天的小小广播员 ×××！今天广播的主题是“肥胖危害大，我们要积极预防肥胖”。你知道肥胖问题在我们学校有多严重吗？在我们学校，有 × 个同学处于超重的状态，有 × 个同学已经肥胖。这是不是很不可思议？现在让我们来了解一下肥胖的危害吧！

肥胖会给我们的健康带来很多坏处，大家都知道是什么吗？肥胖对健康的危害包括身体和心理两方面。肥胖对我们身体的危害有很多，主要是：小时候的肥胖如果不进行预防和治疗，大约有 60% 的小胖子长大成人后就会变成大胖子，所以现在有点胖的同学们可要控制好自己的体重，不要长大后成为大胖子。肥胖会引发高血压、高血脂、糖尿病以及心脑血管疾病，这些疾病都更可怕，比如糖尿病，一旦我们有了糖尿病，就再也不能吃好吃的、甜的东西了，如果有糖尿病足，还会带来截肢的危险，如果肾功能受损了，就会得尿毒症。肥胖的人容易患癌症，比如结肠癌、直肠癌等。肥胖还容易引起脂肪肝、肝硬化等。因为肥胖的孩子体重大，身体的骨关节每天都要承受巨大的压力，所以肥胖可引起骨关节疾病，体重过度增加还能使关节磨损或撕裂。肥胖儿童身体臃肿，行动不便，也懒于锻炼，小胖墩身上很多器官的功能和运动能力明显低于正常体重儿童，其体质水平如较为低下，免疫力差，容易生病，比如感冒、发烧、咳嗽等。

肥胖对我们的心理健康影响主要是：肥胖或超重的同学在学校容易被其他伙伴起小外号，影响孩子心情；容易使人自卑，失去信心，进而影响学习成绩；肥胖还常常与贪吃、懒惰等不良行为习惯有关。

同学们，肥胖这么可怕，我们一定要从现在就行动起来，一起预防肥胖，并且不能给已经肥胖的同学起小外号，要鼓励他们，和他们一起科学地运动、饮食，一起做健康的小栋梁！

广播注意事项：讲述时声情并茂，突出肥胖危害的严重性，形象生动。超重肥胖的具体人数请校医根据学校体检结果计算。

第二周：____月____日

亲爱的同学们大家好，我是今天的小小广播员 ×××！很高兴在这里给大家传播健康小知识！上次关于肥胖的危害的广播同学们还记得吗？同学们是不是已经准备采取行动预防超重与肥胖了？

今天我来给大家介绍一下一日三餐吃什么，怎么吃，帮助大家健康饮食，预防肥胖。我们每天的正餐都应包含 5 大类食物，即：谷类和薯类、蔬菜和水果、肉和蛋、奶和豆、盐和油。这 5 大类食物我们每天应该摄入多少呢？首先是谷物类主食，根据我们青少年的体质发育特点，推荐同学们用碗口直径 10 ～ 11cm，深 5 ～ 6cm 的碗，每天吃 2.5 ～ 4 碗。大家可以把自己的直尺拿出来，比比有多大。如果平时比较喜欢运动，经常锻炼的同学可以多吃一点，平时如果很少运动，经常坐在教室里的同学，就吃少一点。

再来说说蔬菜水果，多吃蔬菜水果对人体有很多好处。蔬菜水果所含的热量低，并且含有很多维生素、矿物质和纤维素。以普通成年人的拳头来衡量蔬菜水果的量，一个普通成年人的拳头是 1 份（这个拳头大小和一个网球大小类似），蔬菜每天应该吃 2 ~ 3 份，水果每天吃 2 ~ 3 份。所以，我们每天应该吃 2 ~ 3 个拳头的蔬菜和 2 ~ 3 个拳头的水果，加起来大约等于 5 个拳头的蔬菜和水果。

那么我们每天应该摄入多少肉蛋类呢？我们以一个普通成年人的手掌心大小来衡量吃肉类的多少。假设一个普通成年人的手掌心大小就是 1 份肉，那么同学们每天应该吃 1 份这样大小的肉（包括所有鸡鸭肉、猪牛羊肉、海鲜、蛋）。如果我们有些同学正处在身体发育的旺盛期，而且每天运动时间超过 1 小时，那么这些同学可以每天吃 1.5 份，或者有些男生吃 2 份，但不要超过 2 份。记住，千万不要多吃哟！

牛奶也是我们每天的必需品。那么我们每天应该喝多少牛奶呢？一般在超市销售的奶类有两种，一种是纯牛奶，另一种是酸牛奶。一般纸盒子包装的纯牛奶是 250ml，同学们一天摄入一盒就可以满足对牛奶的需求；小罐装的酸牛奶，是 125g 的，同学们一天需要摄入 2 小杯。对于已经超重肥胖的同学，推荐多喝脱脂或低脂奶。另外，我们每天吃油不应该超过 25g，相当于一个成年人 5 个大拇指头的量。盐不应超过 6g，相当于啤酒瓶盖平平的一瓶盖。

同学们都记牢了吗？记得回去告诉爸爸妈妈呀！我们也可以和爸爸妈妈们讨论讨论，怎么样才能吃更多的蔬菜水果，不多吃肉和油盐呢！

广播注意事项：这部分内容比较枯燥，负责广播的同学可以结合生活举例，把这些知识活灵活现地展现出来，并能吸引同学的注意。

第三周：____月____日

亲爱的同学们大家好，我是今天的小小广播员 ×××！你知道小胖墩的肉肉是怎么长上的吗？总的来说就是吃得多，运动得少。上周的广播我们给大家介绍了怎么吃、吃多少，这次我们要讲讲怎么运动才能达到控制体重、预防肥胖的效果呢？

运动对我们的身体有很多好处。运动可以通过促进骨骼和肌肉的发育使大家长得更高，身体更强壮；可以促进我们的心肺功能的发育，增加耐力；运动还可以增强我们的体质，提高免疫力，减少生病。运动可以分为 3 种强度，即轻等强度运动、中等强度运动和高等强度运动。轻度运动是指在运动时身体感到舒服，不累，呼吸顺畅的运动，如伸展运动、散步，一些家务活动，如浇花、擦桌子、扫地、喂小动物等；中等强度运动指的是那些让孩子少量出汗、略微气喘吁吁的运动，感觉用力但不吃力，活动的同时可以随呼吸的节奏完整说一句话，但不能唱歌。中等强度运动包括：中等速度跑步、跳舞、上下楼梯、原地投篮球、打乒乓球、游泳；高等强度的运动指的是运动时孩子大汗淋漓、很吃力的运动。高等强度运动包括：打篮球、踢足球、赛跑、跳绳、登山、打网球、重体力家务活，如背着重 11 公斤以上的包等。

我们每天应该进行 1 小时以上中等或高等强度的运动。这样才能有效地预防肥胖。这 1 小时的中等或者高等强度的运动，可以一次完成，也可以分成几次进行，分几次完成时，要保证一次不少于 10 分钟，否则效果不好。

在这里，给大家举个例子，看一下标准的活动应该是怎么样的：①首先进行 5 ~ 8 分钟的准备活动，可以进行伸展练习。②在准备活动之后进行 20 ~ 30 分钟的慢跑或者广播操。③休息一会儿再进行30～40分钟自己喜欢的体育活动，比如跳绳、打篮球、游泳、踢足球等，男同学可以做俯卧撑，女同学可以做仰卧起坐。④在运动完后进行5～8分钟的整理活动，可以慢走或做伸展运动。特别要注意，准备活动的时间不算在每天运动1小时中高等强度活动时间内。

同学们，今天，你运动1小时了吗？

广播注意事项：可以根据学校运动场地特点有重点的向同学们推荐中等和高等强度运动，并强调每天做1小时以上中高等强度运动。举例的体育活动根据实际情况可进行修改，可以将运动的过程描述得更加形象生动。

第四周：____月____日

亲爱的同学们大家好，我是今天的小小广播员×××！今天就让我们来看看怎样才是正确的饮食习惯吧！

首先，我们应该有良好的喝白开水习惯。俗话说得好，水是生命之源，没有了水，生命就不会存在。水是我们生活中最好的饮料。我们每天至少喝1200～1500ml白开水，用普通的矿泉水瓶测量，每天至少要喝3瓶，要少量多次，不能感到渴了再喝。运动量大的同学，还有在夏天的时候，会出很多汗，身体流失水分多，应该多喝水。我们最好不要喝含糖饮料，含糖饮料包括可乐、雪碧、芬达等碳酸饮料，橙汁、椰汁、苹果汁等果汁饮料，红茶、绿茶、珍珠奶茶等甜味茶饮料等，它们的味道的确很好，但是这些饮料会使人体摄入许多的热量与糖分，使我们容易变胖，甚至患糖尿病等更严重的疾病，大量喝可乐还会影响钙的吸收，我们就长不高啦，而且还容易引起骨质疏松和骨折。

其次，我们每天都应该吃早饭。有很多同学因为早上起床比较晚，上学怕迟到，就干脆不吃早饭，或者在路上边走边狼吞虎咽。这是种很不好的习惯。首先，不吃早饭或吃不好早餐的危害有很多，如果不吃早餐，在上午第3、4节课时就会容易感到饿，这样会使我们注意力下降、头昏心慌，影响上课的效率。长期处于这种状态还会引起抵抗力下降，容易得感冒，甚至是机体代谢紊乱等疾病。另外，因为吃不好早餐引起的饥饿感往往会使我们在午餐和晚餐时暴饮暴食，长此以往会引起肥胖。我们不仅要吃早饭，还要吃好的早饭。什么是好的早饭呢？一顿好的早餐内容丰富，应该包括：谷类及薯类，如馒头、小米粥、面条等；动物性食物，如火腿、瘦肉、鸡蛋等；奶类和豆类，如牛奶、豆浆、豆腐脑等；蔬菜和水果，如苹果、黄瓜、西红柿等。回家告诉爸爸妈妈，每天早上准备这些丰富的早餐吧！

同学们，我们不吃西式快餐哦。你是否发现，我们身边的有越来越多的麦当劳、肯德基、必胜客？这些都是洋快餐店。你可能不知道，这些快餐食品都是高脂肪、高热量、高糖分的，但是却提供很少的维生素、矿物质等健康的营养成分。我们吃的一个套餐，不知不觉中就吃进去了许多多余的热量。几乎所有的快餐都不符合健康标准，不管你是在减肥或是没有在减肥，快餐对于所有人的身体都是十分不健康的，所以我们也叫它们“垃圾食品”。我们应该尽量不吃快餐尤其是西式快餐，并且为了健康，要尽量减少在外面的餐厅、饭馆吃饭的次数，最好是在家里吃饭。同学们，让我们一起来念这个顺口溜吧："西式快餐坏处多，在家吃饭最健康！"

广播注意事项：最后的顺口溜可以重复几遍，以加强同学们的印象。

第五周：____月____日

亲爱的同学们大家好，我是今天的小小广播员 ×××！今天我为大家带来的健康小知识是怎样正确地吃零食。

什么是零食呢？零食就是人我们日常生活中除了一日三餐所吃的正餐食物之外的吃的食物。也许家长教育我们，所有的零食都不可以吃。但是，并不是所有的零食都是不健康的，不应该吃的哦。零食也分为健康的零食和不健康的零食。健康的零食有牛奶、酸奶、水果、坚果、可以生吃的蔬菜（如黄瓜）、不加糖的果汁等。这些零食对健康有益，是我们可以吃的。但是，再有益的东西，也不能多吃。比如坚果，含有比较多的油脂，多吃易导致肥胖。所以对于健康零食，我们要适量的吃。比如一次 1 杯小酸奶，或 1 个苹果，或 10 颗杏仁（手抓 1 小把或者 1 小捧），已经足够啦。

不健康的零食有很多，如油炸食品、辣皮、膨化食品、腌制食品、烧烤食品、含糖饮料，尤其是碳酸饮料等。不健康的零食几乎无处不在，学校的小卖部在卖、放学回家的路上的小摊贩在卖，超市在卖，包装精美，颜色、味道诱人，对于自控力还相对不足的我们来说这些诱惑实难以抵抗。往往一个同学买了，其他同学会相继效仿。不健康零食的口感多为甜、辣、咸，吃过之后我们往往会再想购买来吃。但是经常吃这些零食容易导致肥胖，也会产生许多不利于健康的影响。比如辣皮，含有很多色素和香精，不利于我们的生长发育。同学们，从现在开始我们要相互监督，不可以吃这些不健康的零食哟！

吃零食的时间也有讲究。睡觉前不可以吃零食，因为睡觉之前吃零食，胃肠道没有足够的时间消化吃进去的食物，容易造成消化不良，也容易引起肥胖。同学们如果感到饥饿，可以在早餐至午餐之间（10 点左右）或者午餐至晚餐之间（下午 3 点左右）吃一些健康的零食。不要在接近吃正餐的时间吃零食，这样会影响正餐时的食欲，减少主食的摄入，影响我们的健康发育。

请同学们想一想：自己平时吃的零食有哪些？是健康的吗？怎样戒掉对不健康零食的依赖呢？

广播注意事项：不健康的零食，各学校广播员可以根据自己学校学生的具体情况，根据学校附近卖的不健康食物的品种进行增加、更改。

第六周：____月____日

亲爱的同学们大家好，我是今天的小小广播员 ×××！最近预防控制肥胖的活动在我们学校热火朝天地进行着，同学们的运动热情也高涨起来。但是，也有的同学说没有时间进行运动，还有的同学遇到了一些困难，其实运动的机会无处不在，从身边的点滴做起，小动作有时候会产生大收益，我们的运动锻炼需要持之以恒。

首先，我们一定要缩短看电视和玩游戏的时间，每天控制在 2 小时以内，多去外面走走，运动运动，和其他的同学一起做做游戏，更贴近大自然，也会使同学们感受到更多的生活的乐趣。在课间休息时，我们要到教室外活动活动，到室外呼吸一下新鲜空气，不仅有利于脑部的血液供应，提高上课的效率，还有利于预防近视。放学回家后写作业时，不能坐太久，每40分钟起来活动一次，这样也可以提高脑部的供氧量，增加效率。周末我们也要保持规律作息，不熬夜，不睡懒觉。熬夜和睡懒觉会使内分泌异常，容易肥胖，还会使人产生不良的情绪，影响学习。同学们还想到哪些可以改变的生活小细节来增加运动量呢？此外，我们做什么事情都要养成持之以恒的习惯。体重的控制和减轻不会在短期内有很明显的效果。如果只坚持一两天，两三天就想看到效果，这种可能性是非常小的。只有持之以恒，才会取得好的效果。尤其是对肥胖的同学，要改掉以前的不良习惯，有信心，有耐心，按照科学合理的方法运动，一定会达到合理的体重范围。

今天，我们还要讲述一位小亮同学的故事。小亮是一个胖胖的男生，在学校学习了肥胖的危害后，小亮决心减肥，每天放学后都在操场上跑步。但是小亮已经很胖了，所以跑起来特别累，而且小亮原来要好的同学放学后都聚在一起玩纸牌游戏或者手机、电脑，小亮与他们的关系好像渐渐疏远了。小亮觉得快要坚持不下去了。亲爱的同学们，让我们一起帮助小亮出出主意，应该怎样摆脱现在的困境并继续运动下去呢？他应该怎么做呢？如果大家有好办法可以告诉我们。下一期的节目我们再一起来讨论小亮同学的故事。

广播注意事项：安排时间运动的方法可以结合实际情况列举。举例说明的减肥小故事可以结合学校情况进行修改，可描述得更加形象生动。

第七周：____月____日

亲爱的同学们大家好，我是今天的小小广播员 ×××！今天我们邀请到了一个小嘉宾小强来到了我们的广播室。今天，就由我和小强来为大家进行广播。

1. 广播员：小强，你觉得咱们学校进行肥胖的预防控制活动有必要吗？

小强：（根据实际情况，如结合肥胖的危害以及本校的肥胖情况等）

2. 广播员：小强，可以谈谈你在咱们学校整个肥胖预防控制活动中学到了什么吗？

小强：（根据实际情况，如饮食运动行为的方法、习惯，本身身体素质的改善等）

3. 广播员：小强，你还有周围的同学，觉得咱们学校进行的这些预防控制肥胖的活动同学们喜欢吗？

小强：（根据实际情况，如举例说明有其他同学受益，或者几个同学的感受等）

4. 广播员：小强，你还记得上次广播我们说到的小亮同学吗，你对他有什么建议呢？

小强：小亮可以主动邀请同学陪他一起跑步锻炼，还可以邀请他们玩一些跳绳、猫捉老鼠、拉网捕鱼、打篮球、踢足球等中高等运动强度的趣味集体游戏，劝说他的朋友们不要整天静坐，这样不利于身体健康。他的朋友们也应该与他相互陪伴，相互鼓励，共同养成锻炼身体的好习惯。（可自由发挥）

5. 广播员：小强，你觉得这次活动有什么地方可以再改进一下？还有什么有趣的活动可以增加同学们预防肥胖的积极性？

小强:(根据实际情况)

6. 广播员:(根据实际情况总结)亲爱的同学们，经过这几周的学习，我们知道了肥胖的危害，我们知道了合理饮食、养成良好运动习惯的重要性，我们也学习了怎样选择食物，吃什么、吃多少，以及怎样进行运动锻炼。总结起来，我们的目标就是“52110”，即：每天吃5份蔬菜水果，看电脑、电视、手机的时间少于2小时，每天吃1份肉，每天运动大于1小时，不喝含糖饮料。大家都记住了吗？让我们一起来“快乐运动，健康饮食”吧！让我们一起坚持下去，成长为祖国的小栋梁！

广播注意事项：小嘉宾是在整个预防控制肥胖活动中知识学得较扎实、行动符合要求或者有受益的同学。因为邀请了小嘉宾，整个广播主要以访谈的形式进行，所以整个广播过程应该在轻松愉快、积极向上的氛围中进行。

“快乐运动　健康饮食”拒绝零食和饮料

一、活动目的

含糖饮料和不健康零食是儿童易于得到，同时也是易被忽视的导致儿童肥胖的重要原因之一。通过拒绝含糖饮料和不健康零食进入校园，有效营造良好的学校肥胖控制环境。

二、活动时间

贯穿项目始终，并建议一直延续下去。

三、活动组织者

学校领导、班主任、校医。

四、活动内容及方法

1．拒绝进校园的零食有：油炸食品（炸薯片、炸鸡腿等）、烤肉串、油炸方便面、各种糖果、奶油类食品（奶油蛋糕、冰激凌等）、汉堡、各种膨化食品、腌制食物、街头食品等。拒绝进入校园的含糖饮料包括：可乐、雪碧、芬达等碳酸饮料，橙汁、椰汁、苹果汁等含果汁饮料，红茶、绿茶、珍珠奶茶等甜味茶饮料等。

2．实施方法

（1）教师在班级宣传含糖饮料和不健康零食的危害，并鼓励孩子不要带零食进校园，如果发现，老师给予保管，放学后让学生带回家；

（2）同学之间互相监督，互相鼓励同学不要带零食和饮料进校园，多喝白开水；

（3）与家长沟通，鼓励家长不要给孩子买太多含糖饮料和不健康零食；教育家长鼓励孩子不在接近正餐时间吃零食，不在看电视时吃零食，不在临睡前吃零食。

（4）学校食品售卖部不提供不健康零食和含糖饮料。

“快乐运动 健康饮食”体育课达标督导

一、活动目的

体育课是学生在学校的重要体育活动时间。开足上好体育课，使学生掌握健康相关知识，学会科学的锻炼方法，自觉、积极参加体育锻炼，是提高学生身体素质，预防控制学生肥胖的重要途径。通过体育课达标督导，切实实现开足上好体育课。

二、活动时间

项目期间，每月由项目工作人员与学校体育主管教师实地观看 1 次体育课，询问体育课开展情况，完成督导记录。项目结束后建议学校形成常态化督导机制。

三、活动组织者

主管领导、主管体育教师、体育教师等。

四、活动内容

按以下要求进行督导，每项按达到 / 未达到记录。

1．体育课每周至少 3 次，每次 40 ～ 45 分钟；

2．有氧运动为该节体育课主要内容，达到 25 或 30 分钟（有氧运动强度要求心率达到 120 ～ 200 次 / 分钟，没有心率表记录时，可以让高年级学生自己数脉搏来判断运动是否达到强度）；

3．该节体育课密度能够达到 30% ～ 40%（体育课密度指一节体育课内学生身体活动时间占这节课总时间的比例，使用秒表记录）；

4．心率的高峰值出现在第 24 ～ 30 分钟（大部分学生面色发红、出汗较多），结束时心率下降；

5．体育课有教案且按照教案上课。

“快乐运动 健康饮食”每天锻炼 1 小时

一、活动目的

树立“健康第一”的指导思想，切实加强学校体育工作，培养学生自觉锻炼身体的好习惯。通过加强体育锻炼，开展体育竞赛活动，提高学生身体素质及学习效率，培养学生克服困难、刻苦耐劳的顽强意志，有效预防控制学生肥胖。

二、活动时间

贯穿干预始终，并建议一直延续下去。

三、活动组织者

主管领导、校医、班主任、体育教师、值周教师等。

四、活动内容及方法

1．以班级为单位，每天进行总时间不少于 1 小时的体育锻炼。

每天利用大课间和下午进行累计至少 60 分钟中等强度及以上的活动，最好每天每次持续 20 分钟的高强度活动（中等强度运动包括中等速度跑步、跳舞、上下楼梯、原地投篮球、打乒乓球、游泳等。高等强度的运动包括打篮球、踢足球、赛跑、跳绳、登山、打网球等）。

2．开展上午、下午两次大课间活动，每次分别进行25～30分钟体育活动，应进行在短时间内易于组织并真正能使全体学生达到运动效果的运动，如花样跑步、集体舞、健美操、各类跳绳等。

3．进行跑步，如花样跑步或快慢跑应注意：①长跑距离：小学一至三年级800m以上、小学四至六年级1200m以上，初中部1600m以上。②跑步地点：小学三年级至六年级和初中部在操场内，小学一、二年级围绕篮球场跑步或者是在操场上绕小圈跑。③全体师生必须穿运动服、运动鞋跑步。

4．其他课间或课后应鼓励学生因时因地制宜开展活动。可课间在教室内进行“快乐十分”活动。课后鼓励孩子根据自己的喜好进行踢毽子、跳绳、球类等体育运动或游戏。

“快乐运动　健康饮食”体育竞赛活动

一、活动目的

通过组织体育比赛有效促进课外体育活动的开展和同学们的锻炼积极性，同时也可展现学生运动锻炼的效果。

二、活动时间

全校在活动末期进行以班级为单位的体育竞赛活动。

三、活动负责人

主管领导、校医、班主任及体育教师。

四、活动内容及方式

1．比赛内容：拔河比赛、跳绳比赛、趣味接力赛。

2．比赛方式

（1）拔河比赛：以年级为一组，班级为单位，每班排出20名学生参与，10名男生10名女生，采取三局两胜制定胜负，第1局的场地抽签决定，第2局交换位置。比赛采取淘汰制，最后决出胜利的班级。

（2）跳绳比赛：以班级为一组，学生为单位，全班同学都参加，记录每位同学1分钟跳绳个数。个数多的赢。

（3）2×8×40两人三足趣味接力赛：以年级为一组，班级为单位，4个班级为1小组进行比赛。每班挑选8男8女参加接力赛，1男1女为一组，跑道长20米，将一人的左腿与另一人的右腿绑住，两人跑20米后折回出发点，再由第二组的人继续，直到第八组完成。比赛计时。

3．比赛奖励办法

（1）拔河比赛：每个年级决出前两名颁发奖状及奖品。

（2）跳绳比赛：每个班级选出前3名，颁发奖状及奖品。

（3）2×8×40接力赛：每个年级决出前三名班级颁发奖状及奖品。

2．活动流程

（1）德育负责人及班主任在活动开始时介绍学校对肥胖控制工作的重视以及做出的努力，校医对健康教育过程的总结和回顾，共 10 分。

（2）活动开始，小厨师们现场做饭（主食可以从家中带过来），并在做完后讲解是怎么结合健康教育课所学的内容做的饭。

（3）班主任问问题，学生抢答关于健康教育课上所学内容，并由校医判断回答的正确与否，答对者奖励小厨师们做的美味 1 小份。争取每一位孩子都有机会答题。

（4）最后由学生根据科学、营养、适当的原则，评选出最好的两名大厨师，颁发“我是大厨师”奖，并对回答对问题多的孩子进行奖励。

3．活动参考问题

（1）一顿丰富的早餐应该包括哪些食物？

（2）“52110”指的是什么？

（3）哪些同学平均每天运动的运动时间达到 1 小时以上？

（4）中高等强度的运动包括哪些？

（5）不吃早餐会胖吗？为什么？

（6）含糖饮料对身体有什么危害？

（7）肥胖的危害是什么？

（8）怎么判断自己的胖瘦？

（9）按照健康教育课内容进行运动和健康饮食，并向家长宣传这些知识的同学有哪些，请举手。（追加：你是怎么和爸爸妈妈说的？爸爸妈妈怎么回答的？）。

4．奖励标准：小厨师的奖励应该按照健康教育课中饮食部分所教授的内容为标准进行，包括荤素搭配合理、少盐少油，避免煎炸、垃圾食品，不喝含糖饮料等。

我是大明星

一、活动目的

通过举办“我是大明星”活动，旨在加强学生掌握健康教育课学习的关于肥胖危害与预防的知识，并切实行动，将这些知识运用到日常生活中来。

二、活动简介

进行完健康教育课讲授后，在下一次健康教育课或利用课余时间，进行此次活动。根据班级人数的多少分为 4 个小组，每个小组 8 个人左右。以小组为单位，根据健康教育课上所学的内容自编自演情景短剧，要求包括“52110”中至少 2 项内容。

三、活动组织者

班主任、班委、校医以及德育负责人。

四、活动内容及方式

1．活动前准备

（1）时间：提前 1 个月将活动内容与分组通知学生，并在健康教育课或学生的课余时间进行表演，每组表演时间 10 ～ 15 分钟。

（2）场地：有条件的学校在多功能厅或者是会议室中进行，没有条件的在班级内进行。在教室进行时布置场地可将桌子围成1圈，空出讲台。

（3）准备材料：话剧所需要的简单服装、道具等，如需音乐伴奏，则准备播放设备。

（4）活动参与人员：学校德育负责人、班主任、校医、班级同学，并可以邀请有兴趣的师生和家长，特别是肥胖孩子的家长参与。

2．活动流程

（1）德育负责人及班主任在活动开始时介绍学校对肥胖控制工作的重视以及做出的努力，校医对健康教育过程的总结和回顾，共10分钟。

（2）各个组进行表演。由班主任、校医以及德育负责人组成的评审团进行打分。

（3）根据学生们对知识的掌握度以及表演的精彩程度，颁发“我是大明星”奖。德育负责人及班主任进行点评。

短剧或角色扮演示例

狼堡：

红太郎：“灰太狼，都几个月没有吃到羊了，快，去给我抓几只大肥羊回来，要不然，你就别想回家了！”

灰太狼：“老婆，小羊们天天在进行每天1小时以上的运动，身体也越来越健康，以前的那些大肥羊现在越来越少见了！”

红太郎：“我不管，我要大肥羊！”红太郎用她的平底锅把灰太狼打出了家门。

……

青青草原：

喜洋洋：“懒羊羊，快来跟我们一起运动，每天进行运动1小时以上的运动才可以保持身体健康，预防肥胖。你那么胖，跑不动会被灰太狼抓住的。”

懒羊羊：“哎呀，喜洋洋，你太小题大做了。我们羊，胖胖的才可爱，才会招人喜欢呢！”

美羊羊：“可是懒羊羊，太胖了就不是可爱的小羊了。像我这样，身材适中，不胖不瘦，才最招人喜欢。”

沸羊羊：“懒羊羊，你整天吃甜的、油腻的食物，还喜欢喝含糖饮料，会越来越胖的，这样会损害你的健康。为了保持像我这样健壮的身材，你应该不喝含糖饮料，每天吃5个拳头大小的蔬菜水果，看电视、玩电脑时间不能超过2小时……”

懒羊羊：“哎呀，你们真啰唆！”

这时，灰太狼来抓羊了。

美羊羊：“大家快跑呀！灰太狼来了！”

大家都在跑，但是懒羊羊平时贪吃，缺乏锻炼，被灰太狼抓回了狼堡。

狼堡：

灰太狼：“老婆，看我给你抓了只大肥羊！我们终于可以开荤了！”

红太郎：“老公你太能干了！快，我今晚要吃烤羊腿、煎羊排，要喝鲜嫩的羊汤！”

小灰灰：“爸爸妈妈不能吃！这只懒羊羊那么肥，肯定有很多的脂肪，我们如果吃了它，肯定会变胖的，变胖了会有高血压、糖尿病、脂肪肝、冠心病，瘫痪在床甚至是死亡。我不想要失去爸爸妈妈！”说着说着小灰灰哇哇大哭起来。

红太郎：“小灰灰乖，不要哭了。我们不吃了，我们不吃了！灰太狼，都怪你，快把懒羊羊给我送回去！”说着，红太郎用她的平底锅把灰太狼和懒羊羊打出了狼堡。

附 录

附录 1　肥胖相关的人体测量学方法

身高

采用身高坐高计测量，以 cm 为单位，精确度为 0.1cm。

1. 测量前校正

身高计应选择平坦地面，靠墙放置。立柱应与踏板垂直，连接处紧密、无晃动。水平压板与立柱垂直，滑动自如。使用前校对 0 点，并用钢尺校对刻度。

2. 方法

被测者赤足，背向立柱站立在身高计的底板上，躯干自然挺直，头部正直，两眼平视前方（耳屏上缘与眼眶下缘最低点呈水平位）；上肢自然下垂，两腿伸直；两足跟并拢，足尖分开约 60°；足跟、骶骨部及两肩胛间与立柱相接触，成“三点一线”站立姿势。测量者手扶水平压板沿立柱向下滑动，轻压于被测者头顶，确认姿势正确后读数，注意双眼与水平压板平面等高。记录以 cm 为单位，精确到小数点后 1 位。测试误差不得超过 0.5 cm。

3. 注意事项

水平压板与头部接触时，松紧要适度，头发蓬松者要压实；妨碍测试的发辫、发结要放开，饰物要取下。读数完毕，立即将水平压板轻轻推向安全高度，以防碰坏。

体重

采用杠杆秤测量，以 kg 为单位，精确度为 0.1kg。

1. 测量前校正

体重秤应放置在平坦地面上。使用前需检验其准确度和灵敏度，检查零点。准确度要求误差不超过 0.1%，即每 100kg 误差小于 0.1kg。检验方法是以备用的 10kg、20kg、30kg 标准砝码（或用等重的标定重物代替）分别进行称量，检查指示读数与标准砝码误差是否在允许范围。灵敏度的检验方法是置100g重的砝码，观察刻度尺变化。如果刻度尺抬高了3mm，或游标向远移动0.1kg而刻度尺仍维持水平位，说明达到要求。检查零点时，将游码放在0刻度，观察杠杆是否水平居中，如不居中，可调节杠杆侧端螺丝。

2. 方法

被测者穿短衣裤、赤足，自然站立在体重称量盘中央，保持身体平稳。测量者放置适当砝码并移动游码至刻度尺平衡。记录以kg为单位，精确到小数点后1位。测试误差不得超过0.1kg。

3. 注意事项

被测者应尽量减少着装。测试前被测者应排空大小便，不要大量饮水，也不要进行剧烈的体育活动和体力劳动。上、下体重计时，动作要轻缓。每天使用杠杆秤前，均需进行校正。测量者每次读数前都应校对砝码重量，避免差错。

腰围

采用尼龙带尺，以cm为单位，精确度为0.1cm。

1. 测量前校正

使用钢卷尺校正，每米误差不得超过0.2cm。

2. 方法

被测者直立，双臂适当张开下垂，双脚合并，使体重均匀分担在双脚，露出腹部皮肤，测试时平缓呼吸，不要收腹或屏气。测试时带尺刻度下缘距肚脐上缘1cm，水平环绕一周。带尺贴近皮肤，但避免紧压使带尺陷入皮肤内。检查带尺是否水平时，最好有助手在场。测量者目光与皮尺刻度在同一水平面上。

臀围

采用尼龙带尺，以cm为单位，精确度为0.1cm。

1. 测量前校正

使用钢卷尺校正，每米误差不得超过0.2cm。

2. 方法

被测者自然站立，两臂下垂并适度张开，双脚并拢，两腿均匀负重，臀部放松，目视前方。测量者将卷尺置于臀部向后最突出的部位，水平绕臀1周。测试时皮尺紧贴皮肤，勿压住软组织，应在被测者平静呼气时读数。确保皮尺的部位无误时，可以将皮尺上下移动，比较不同位置时读数的大小，取最大值记录。

3．注意事项

被测者应着单裤测量，如裤袋内有物品（如钥匙、钱包、手机等），应取出以免影响测试结果。

皮褶厚度

采用皮褶厚度计测量，以 mm 为单位，精确到小数点后 1 位。皮褶厚度法是一种通过测量皮下脂肪厚度，间接估计体脂含量的方法。

1．测量前校正

使用前利用刻度盘转动调整零点。调零后需校正压力，使皮褶厚度计臂钳两个接触点间的压力达到 $10^9N/mm^2$。

2．方法

被测者自然站立，充分裸露被测部位。测量者用左手拇指、示指和中指将被测部位皮肤和皮下组织捏提起来，测试皮褶捏提点下方 1cm 处的厚度。共测量 3 次，取中间值或两次相同的值。

上臂部测试点：右上臂肩峰后面与鹰嘴连线中点处，沿上肢长轴方向纵向捏提皮褶。

肩胛部测试点：右肩胛骨下角下方 1cm 处，与脊柱成 45° 方向捏提皮褶。

腹部测试点：脐水平线与右锁骨中线交界处，沿躯干长轴方向纵向捏提皮褶。

3．注意事项

被测者自然站立，肌肉放松，体重平均落在两腿上。测试时，要把皮肤与皮下组织一起捏提起来，但不能把肌肉捏提起来。皮褶厚度计的钳口连线应与皮褶走向垂直。测试过程中，皮褶厚度计的刻度盘和钳口压力应经常校正。

姚兴家（1993）建立了我国 7 ～ 12 岁儿童皮褶厚度估计体脂肪的回归方程（X 为肱三头肌与肩胛下皮褶厚度之和，单位 mm）：

男性：体脂（%）$= 6.9314 + 0.4284X$　　女性：体脂（%）$= 7.8960 + 0.4577X$

也可利用日本长岭公式计算体密度（D，附表 1），再用 Brozek 公式计算体脂含量：体脂（%）=（$4.570/D - 4.142$）× 100%。

附表 1-1　各年龄性别人群体密度的长岭 - 铃木公式

年龄	男性	女性
9 ～ 11	D = 1.0879-0.00151X	D = 1.0794-0.00142X
12 ～ 14	D = 1.0868-0.00131X	D = 1.0888-0.00153X
15 ～ 18	D = 1.0977-0.00146X	D = 1.0931-0.00160X
>18	D = 1.0913-0.00116X	D = 1.0897-0.00133X

D 为体密度；X 为肱三头肌与肩胛下皮褶厚度之和，单位 mm。

来源：陈明达，于道中．实用体质学．北京：北京医科大学、中国协和医科大学联合出版社，1993：142.

生物电阻抗法测量体成分

生物电阻抗方法估测体成分简单、有效、快速、价低，易接受。它假设人体为圆柱体，利用脂肪组织和非脂肪组织对电流导电性的差异，通过测量身体的导电性获得的电阻抗、电容抗值估算体脂含量。以 229-DF50 型生物电阻抗体成分分析仪为例：

1．测量前校正

将牙嵌式接头与导线分开，探针末端按颜色与校正器连接，导线插入分析仪，选择直接测量模式，各项指标的结果在允许值范围内则可使用。

2．方法

调查对象平躺于测试平台上，两脚自然分开，与肩齐，手臂自然放置，不要与身体靠拢，掌心向下。采用国际标准（四极片式），在受试者右侧腕关节、踝关节、手背掌指关节、足背跖趾关节 4 个部位贴电极片，电极片安放之前用 75% 的乙醇溶液棉球擦拭相应部位皮肤。将牙嵌式接头按颜色与导线和电极片分别连接，检查无误后测量并记录结果。分析仪显示测定指标有：电容抗、相位、电阻抗、电抗。

3．注意事项

每次重启仪器均需要再次校正。被测者平躺的测试平台不能为金属材质。被测者颈、手、脚部的挂件需取下，钥匙等铁器需取出。测量易受体位、体温、饮水量、进食和运动因素影响，应严格控制。

王京钟（2008）用该法建立了我国 7 ～ 18 岁儿童少年估算去脂体重（FFM，kg）的方程：

体重正常者：FFM = 0.406 × 体重 +2.918 × 性别 +0.315H^2/z + 0.843

超重 / 肥胖者：FFM = 0.358 × 体重 +1.571 × 性别 +0.358H^2/z + 0.603

总人群：FFM = 0.290 × 体重 +2.222 × 性别 +0.427H^2/z + 1.547

体重以 kg 为单位；性别男为 1，女为 2；H^2/z 为生物电阻抗指数（m^2/Ω）=（R^2 +

$C^2)^{0.5}$，其中 R 为电阻抗，C 为电容抗。据此即可计算体脂含量和体脂率。

附录 2　中国儿童青少年膳食指南

儿童青少年时期是一个人体格和智力发育的关键时期，也是一个人行为和生活方式形成的重要时期。儿童青少年在青春期生长速度加快，对各种营养素的需要增加，应给予充分关注。充足的营养摄入可以保证其体格和智力的正常发育，为成人时期乃至一生的健康奠定良好基础。青春期女性的营养状况会影响下一代的健康，应特别予以关注。根据儿童青少年生长发育的特点及营养需求，在一般人群膳食指南 10 条基础上还应强调以下 4 条内容。

一、三餐定时定量，保证吃好早餐，避免盲目节食

【提要】

2002 年中国居民营养与健康状况调查结果显示，一日三餐不规律、不吃早餐的现象在儿童青少年中较为突出，影响到他们的营养摄入和健康。三餐定时定量、保证吃好早餐对于儿童青少年的生长发育、学习都非常重要。还应注意不要盲目节食。

【说明】

1. 养成健康的饮食行为

儿童青少年应该建立适应其生理需要的饮食习惯，一般为每日三餐，两餐间隔 4 ～ 6 小时。三餐比例要适宜，早餐提供的能量应占全天总能量的 25% ～ 30%，午餐应占 30% ～ 40%，晚餐应占 30% ～ 40%。正餐不应以糕点、甜食取代主、副食。

2. 不吃早餐影响学习和健康

早餐是一天中能量和营养素的重要来源，对人体的营养和健康状况有着重要的影响。每天食用营养充足的早餐可以为儿童青少年提供体格和智力发育所需的能量和各种营养素。不吃早餐或早餐营养不充足，不仅会影响学习成绩和体能，还会影响消化系统的功能，不利于健康。因此，应该天天吃早餐，并保证早餐的营养充足。

3. 早餐的营养要充足

早餐应食用种类多样的食物，通过早餐摄取的能量应该充足。早餐提供的能量应占全天总能量的 25% ～ 30%，早餐的食物量应相当于全天食物量的 1/4 ～ 1/3。可以根据早餐中食物的种类来评价早餐的营养是否充足。

谷类食物在人体内能很快转化为葡萄糖，有利于维持血糖稳定，保证大脑活动所需的能量。所以，谷类食物是早餐不可缺少的。合理的早餐食品最好应包括牛奶或豆浆，还可加上鸡蛋、豆制品或瘦肉等富含蛋白质的食物。这样可使食物在胃里停留较久，使整个上午精力充沛。另外，水果和蔬菜的摄入也很有必要。

4. 不要盲目节食

有些儿童青少年为了追求体型完美，有意节食，继而出现过度地节制饮食。这种情况多见于青春期女孩。青春期女孩伴随第二性征发育而来的是逐渐成熟的体型。对此，她们容易产生恐惧不安、羞怯，有使自己的体型保持“苗条”的愿望。因此，她们过分关注体型，过度节食以致体重明显降低。有少数女生盲目节食，甚至用催吐、吃泻药等极端的做法减重，久而久之形成条件反射，逢吃饭就恶心或一听到与吃饭有关的词就呕吐，最终导致神经性厌食症，发生营养不良，骨瘦如柴。神经性厌食症还可以引起身体内分泌的改变，少女乳房发育停滞，月经迟迟不来，已来月经者会出现停经、闭经、阴毛稀少等现象。长期营养不良会造成机体电解质平衡紊乱，有的会诱发癫痫发作，还会出现精神症状，如焦虑不安、抑郁、失眠、注意力不集中、易激怒、强迫性思维等，严重者会导致死亡。

现实生活中，有很多体重正常的儿童青少年盲目进行节食减重，这对儿童青少年的健康成长有着巨大的危害。因此，儿童青少年不应盲目进行节食减重。在不能确定自己的体重是否正常、需不需要控制时，可以向营养专家、医生、校医或家长咨询。

二、吃富含铁和维生素 C 的食物

【提要】

贫血是最常见的一种营养缺乏病，也是当前最为人们关注的公共卫生问题之一。儿童青少年由于生长迅速，铁需要量增加，女孩加之月经来潮后的生理性铁丢失，更易发生贫血。2002 年中国居民营养与健康状况调查显示，无论是城市还是农村，贫血患病率都相当高。城市儿童青少年贫血患病率为 12.7%，农村为 14.4%，虽较 1992 年有所下降，但仍处于较高水平。

即使轻度的缺铁性贫血，也会对儿童青少年的生长发育和健康产生不良影响，造成儿童青少年体力、身体抵抗力以及学习能力下降。为了预防贫血的发生，儿童青少年应注意饮食多样化，注意调换食物品种，经常吃含铁丰富的食物。维生素 C 可以显著增加膳食中铁的消化吸收率，儿童青少年每天的膳食均应含有新鲜的蔬菜、水果等维生素 C 含量丰富的食物。

【说明】

1. 儿童青少年中缺铁性贫血发生率较高

铁、叶酸和维生素 B_{12} 等营养素缺乏都会引起营养性贫血，其中最常见的是缺铁性贫血。在我国儿童青少年中缺铁性贫血患病率较高，这是因为处于生长发育期的儿童青少年，由于生长迅速、血容量增加，对铁的需要量明显增加。而儿童青少年体内铁相对不足，因此容易发生贫血；青春期女孩加之月经来潮后的生理性失血，更易发生贫血。由于我国膳食中含较多植酸和膳食纤维，影响铁的吸收，而且我国膳食中的铁大部分为非血红素铁，吸收率较低（低于 10%），铁的实际利用率也较低，从而引起铁的摄入相对不足。此外，儿童青少年如感染钩虫等寄生虫，会造成肠道失血而增加铁的丢失。

2. 贫血影响儿童青少年的发育和健康

贫血的症状包括皮肤黏膜苍白、头晕、眼花、耳鸣、心慌、气急，还可引起舌炎、口角炎、胃炎、胃黏膜萎缩、胃酸缺乏、指甲凹陷、反甲（匙状甲）、皮肤干燥、头发干枯少光泽和脱发等症状。儿童青少年贫血的危害更大，可影响生长发育，包括体格与智力发育，会导致活动和劳动耐力降低、机体免疫功能和抗感染能力下降，常常出现食欲减退、厌食、异食癖、体重不增甚至下降、畏寒等症状，导致注意力不集中、逻辑思维和记忆力下降，学习效率低下，成绩不佳，免疫水平下降，容易诱发各种疾病，尤其是感冒、气管炎等上呼吸道感染。

3. 积极预防贫血

为了预防贫血的发生，儿童青少年应注意饮食多样化，注意调换膳食品种，应经常吃含铁丰富的食物，如动物血、肝、瘦肉、蛋黄、黑木耳、大豆等。另外，还可以增加铁强化食品的摄入，如通过吃铁强化酱油、铁强化面包来改善铁营养状况。维生素 C 可以显著增加膳食中铁的消化吸收率，单独补充维生素 C 就可以在一定程度上改善人体的铁营养状况。因此，儿童青少年每天的膳食均应含有新鲜的蔬菜、水果等维生素 C 含量丰富的食物，也可以通过摄取强化食品或营养素补充剂补充维生素 C。

诊断为缺铁性贫血的儿童青少年，应在医生指导下及时服用铁剂。

三、每天进行充足的户外运动

【提要】

儿童青少年每天进行充足的户外运动，能够增强体质和耐力，提高机体各部位的柔韧性和协调性；保持健康体重，预防和控制肥胖，对某些慢性病也有一定的预防作用。户外运动还能让儿童青少年接受一定量的紫外线照射，有利于体内维生素 D 的合成，保证骨骼的健康发育。

【说明】

1. 造成超重或肥胖的主要原因

2002 年中国居民营养与健康状况调查结果显示，7 ～ 17 岁儿童青少年的超重率和肥胖率分别是 4.5% 和 2.1%，部分大城市已分别达 13.1% 和 8.1%。究其原因，主要是摄入的能量超过消耗的能量，多余的能量在体内转变为脂肪而致。能量消耗较低，静态活动时间太长以及运动过少是造成超重或肥胖的重要原因。

2. 如何避免超重或肥胖的发生

经常参加体育锻炼、减少静态活动时间，以改善健康状况，促进心理健康并保持健康的体重。为了达到这个目标，最好每天进行至少 60 分钟的运动。学生学习任务繁重，也许不能有连续的 60 分钟用来锻炼，可以通过每天 3 ～ 6 次、每次 10 分钟的中等强度的短时间锻炼积累。在闲暇时间限制静态活动（如看电视、看录像、玩电子游戏等）很重要，应该用需要更多活动的事情代替。

3. 适度运动保持健康体重

不同强度和类型的运动的作用也不尽相同。剧烈的有氧运动（例如慢跑或者其他有氧运动）在每一个单位时间里消耗的能量更多，比中等强度的运动对身体健康的好处更大。同举重、赛跑、跳高、跳远、投掷等具有爆发性的非有氧运动相比较，有氧运动是一种恒常运动，是运动大肌肉、有重复性、可以持续20分钟以上、保持心率在一定水平的运动。有氧运动的特点是强度低、有节奏、不中断和持续时间长。可以选择的有氧运动有步行（散步、快走）、慢跑、打球、游泳、爬山、骑自行车、跳健身操、打太极拳等。

运动健身时，人体会需要更多的氧气。肺部吸入更多的氧气，再由心脏、血液输送到身体的各部分，特别是正在运动的肌肉中去。经常进行有氧健身可以使身体利用氧气的能力增强。常进行有氧健身的人，心脏会更健康，身心素质也更好。养成运动的习惯就如同吃饭、睡觉一样重要，不仅能够增强儿童青少年的身体素质，并且能够预防疾病的发生。

4. 鼓励参与家务劳动

除了进行必要的运动外，鼓励儿童青少年参与家务劳动。家务劳动有利于培养责任感，有利于培养热爱劳动、珍惜劳动成果的好品德，有利于锻炼意志和毅力，有利于养成勤劳的作风和培养劳动技能，有利于增强智力，有利于促进身体健康，有利于培养独立生活能力，有利于培养交往能力，有利于调节家庭气氛、协调家庭关系。

美国哈佛大学的社会学家、行为学家和儿童教育专家对波士顿地区450名少年儿童做了长达20年的跟踪调查，调查发现，不爱干家务的孩子长大后失业率、犯罪率、离异率、心理疾病率往往要比爱干家务的孩子高得多。

四、不抽烟、不饮酒

【提要】

我国烟草和酒类消费者中，儿童青少年已成为一个不可忽视的群体。1996年，卫生部组织的抽样调查发现，初、高中男生吸烟的比例分别达到34%和45%。2002年中国居民营养与健康状况调查发现，我国15～17岁男、女性青少年现在饮酒率分别为39.6%和4.5%。

儿童青少年正处于迅速生长发育阶段，身体各系统、器官还未成熟，神经系统、内分泌功能、免疫功能等尚不十分稳定，对外界不利因素和刺激的抵抗能力都比较差。因而，抽烟和饮酒对儿童青少年的不利影响远远超过对成年人的影响。另外，儿童青少年的吸烟和饮酒行为还直接关系到其成年后的行为。因此，儿童青少年应养成不吸烟、不饮酒的好习惯。

【说明】

1. 儿童青少年吸烟严重危害身心健康

儿童青少年的大支气管比较直，烟雾很容易进入肺泡，支气管和纤毛容易受到焦油的刺激，巨噬细胞的功能也容易低下，因此吸烟对儿童青少年的危害更大。吸烟对儿童青少年的危害主要体现在以下几个方面：

（1）影响大脑功能：吸烟后少量尼古丁可作用于神经系统，产生一时性的麻醉剂效应，使人感到舒服与松弛。但这种感受只是一种暂时的兴奋现象，随后便会导致神经系统的抑制与麻痹，大脑的思维、记忆与判断等功能都相应减弱。而且，烟草燃烧产生的一氧化碳与血液中的血红蛋白结合成碳氧血红蛋白，影响氧的运送和供给，使大脑处于缺氧状态，影响儿童青少年的学习能力。

（2）影响性发育：儿童青少年时期是性发育的关键阶段，吸烟可使男童睾酮水平及精子的活动能力下降 20% 左右。此时若染吸烟恶习，对性发育及以后的性功能都可产生不良影响。

（3）影响呼吸系统发育：由于儿童青少年呼吸系统尚未发育完善，对烟雾比较敏感且抵抗力低下，因此在烟雾的长期熏灼、刺激下，呼吸器官的防御机制遭到破坏，易引发急、慢性呼吸道炎症。

（4）影响儿童青少年健美和精神面貌：吸烟使牙齿变黄，给人以不洁外观；口喷烟味也妨碍与人谈话或交际；吸烟也可使人供氧相对不足，面色苍白，看上去容颜衰老。烟瘾较重但烟草来源又十分困难的儿童青少年常躲着家长、老师偷偷摸摸吸烟，也常因之而受到斥责与鄙视。因此，吸烟的儿童青少年常常显得萎靡不振，缺乏年轻人应有的朝气。

（5）肺癌：科学家的调查已经证实，长期吸烟者比不吸烟者肺癌发病率高出 10 ～ 20 倍；而且吸烟史越长，发病率也越高。开始吸烟的年龄越早，肺癌死亡率越高。

（6）冠心病：近年来，吸烟使一些年轻人或儿童青少年早早就罹患了冠心病。统计表明，冠心病的死亡率，吸烟者为不吸烟者的 2.7 倍。

（7）易产生毒品依赖性：儿童青少年时期开始吸烟的人比那些成年后开始吸烟的人更有可能成为终身吸烟者，更容易对尼古丁产生依赖，而且和同年龄的不吸烟群体比较，儿童青少年吸烟者更有可能成为其他毒品的滥用者。

2. 儿童青少年饮酒影响体格和精神发育

儿童青少年的神经系统发育尚不健全，饮酒会造成头晕、头痛、注意力涣散、情绪不稳、记忆力减退等症状，这对正在学习知识的儿童青少年是非常不利的。研究表明，酒对儿童青少年大脑造成的伤害程度远远超过对成人大脑的伤害，过早大量饮酒可能对人的神经功能造成损害。酒精不仅影响他们的身体健康和学习成绩，还影响他们应付愤怒、焦躁或沮丧等情绪感觉的能力，同时也影响他们和家人、朋友沟通的能力。酒精能使生殖器官的正常功能衰退，使性成熟的年龄推迟 2 ～ 3 年。儿童青少年的食管、胃黏膜细嫩，管壁浅薄，对酒精更敏感。饮酒影响胃酸及胃酶的分泌，导致胃炎或胃溃疡的发生。酒精进入人体后，要靠肝来分解，而儿童青少年的肝分化尚不完全，肝组织较脆弱，因此饮酒会破坏儿童青少年肝的功能，甚至引起肝脾大、酒精性肝硬化。饮酒后毛细血管扩张，使体机散热增加、抵抗力下降，易引起酒后感冒和肺炎。长期饮酒者，其淋巴细胞和吞噬细胞受损，最终导致免疫功能下降。

儿童青少年饮酒与成年后的酗酒习惯有直接联系，饮酒不但危害儿童青少年的身心健康，也可导致其以后的生活障碍或引发社会问题。年龄很小就开始饮酒的人，会使其身体对酒精习以为常，可能对酒产生依赖。酒精还会影响其他药物的效力，易造成药物过量。儿童青少年饮酒的另一个危险是发生意外事故的可能性增加。

饮酒的儿童青少年较非饮酒者更易发生烟草使用、其他药物滥用和危险性行为。酒精使用问题还对学校环境和学生的课余生活产生消极影响。所以，儿童青少年不应饮酒。

儿童青少年正处于心理、智力和体格快速发育的时期，养成不吸烟、不饮酒的好习惯对于自身的健康成长具有重要意义。这需要家长、老师的努力，也需要本人有意志力的支持，同时也是培养良好品质的机会。

参考文献

中国营养学会．中国居民膳食指南．拉萨：西藏人民出版社，2013：175-183.

附录3 中国儿童青少年零食消费指南

目前，我国儿童青少年的膳食营养状况还存在诸多问题，努力完善正餐的食物结构是解决这些问题的重要措施。同时，正视儿童青少年吃零食的实际情况，加以正确引导，将有利于他们做到合理膳食，减少和改变不良的零食消费行为。

本指南适用于3～17岁的城乡儿童青少年。从营养与健康的角度，本指南强调食物摄入要以正餐为主，零食不可以代替正餐。如果有吃零食的需要，则可参照以下不同年龄儿童青少年的零食消费分类指南。

本指南对于零食的定义是：非正餐时间食用的各种少量的食物和饮料（不包括水）。

3～5岁儿童

3～5岁学龄前期是培养良好饮食行为和生活方式的重要时期。此时期的儿童常常模仿家长和教师，因此，家长、教师应该以身作则，教育和引导儿童正确认识食物的特点，帮助儿童建立有益健康的饮食行为。

1．零食应是合理膳食的组成部分，不要仅从口味和喜好选择零食

学龄前儿童在定时定量吃“三餐两点”或“三餐一点”的基础上，还可以选择适当的零食作为正餐必要的营养补充。选择零食时，不要一味满足儿童的口味和喜好，防止儿童养成乱吃零食、只吃零食、不吃或少吃正餐的习惯。

2. 选择新鲜、易消化的零食，多选奶类、水果和蔬菜类的食物

奶类食物含丰富的优质蛋白质和钙，新鲜水果、蔬菜类零食含有多种维生素、矿物质和膳食纤维。多选此类食物有益儿童的健康。

3. 吃零食不要离正餐太近，不应影响正餐的食量，睡觉前半小时避免吃零食

每次吃零食的量应以吃完零食后不影响规律正餐的食量为准，不要养成睡觉前吃零食的习惯，以免影响肠胃及牙齿的健康。

4. 少吃油炸、含糖过多、过咸的零食

经常吃油炸的零食易导致儿童肥胖，含糖过多的零食容易引起龋齿，常吃含盐高的零食会增加患高血压的危险。应注意引导他们少吃此类零食。

5. 多喝白开水，少喝含糖饮料

含糖饮料含有较多的能量，经常饮用容易引起儿童超重和肥胖，并可腐蚀牙齿。应引导学龄前儿童少喝含糖饮料，多喝白开水。

6. 吃零食前要洗手，吃完零食要漱口

吃零食时应注意卫生，养成吃零食前洗手的好习惯。吃完零食后还要漱口或刷牙，以防发生龋齿。

7. 注意零食的食用安全，避免豆类、坚果类等零食呛入气管

选择零食时要注意零食的性状，其大小、硬度和形状等应符合学龄前儿童的生理特点，食用时要注意安全，防止由于食物呛入呼吸道引发的危险。如吃烤豆、花生米、瓜子和核桃等零食，应在家长的看护和指导下进食，切忌一边玩耍一边吃，或在孩子哭闹时给予零食。

6 ~ 12 岁儿童

6 ~ 12 岁的儿童体格与智力发育快速，运动能力、自主性、独立性增强，可以接受和理解食物与健康的相关知识。但由于他们更多的时间是在学校度过的，所以教师和家长有责任教导和帮助儿童养成良好的饮食习惯。

1. 零食应是合理膳食的组成部分，不要仅从口味和喜好选择零食

正餐是儿童青少年营养的主要来源，当正餐未能满足其营养需要时，可以选择适量零食作为补充。要重视零食的营养价值，不要仅按口味和喜好来选择零食。

2. 选择新鲜、易消化的零食，多选奶类、水果类、蔬菜类和坚果类的食物

奶类零食含丰富的优质蛋白质和钙，水果、蔬菜、坚果类零食含有多种维生素、矿物质和膳食纤维，有利于儿童的正常生长发育。

3. 学习、了解不同零食的营养特点，不要盲目跟随广告选择零食

家长和教师应该利用各种机会教育和指导儿童认识各种零食的营养特点，培养儿童建立正确的饮食观念。同时还应教育儿童不要盲目跟随广告选择零食，减少某些不良食品广告的负面影响。

4. 吃零食的时间不要离正餐太近，每天吃零食一般不超过 3 次

儿童吃零食应和正餐间隔 1.5 ～ 2 小时。睡前半小时不宜吃零食。吃零食的次数不宜过多，每天最好不超过 3 次。

5. 每次吃零食应适量，避免在玩耍时吃零食

儿童吃零食不宜太多，可以在学习间歇、运动后吃少量零食来缓解饥饿感。儿童在玩耍时吃零食往往不注意卫生和安全，同时会在不经意间吃得过多，从而影响正餐的进食量。

6. 少吃油炸、含糖过多、过咸的零食

儿童对零食的喜好往往偏重于口感和味道，油炸、甜腻、咸味重的零食对于孩子具有一定的吸引力。但油炸食品含有较多的脂肪，多吃会增加能量的摄入，从而增加超重、肥胖的危险；含糖过多的零食残留口中会增加患龋齿的危险；吃咸味重的零食会增加成年后患高血压的危险。

7. 养成多喝白开水的习惯，少喝含糖饮料

含糖饮料具有较多的能量，经常饮用容易引起儿童超重和肥胖，并可腐蚀牙齿。应引导儿童少喝含糖饮料，多喝白开水。

8. 注意饮食卫生及口腔清洁，少吃街头食品

6 ～ 12 岁儿童比较好动，活动玩耍较多，往往不注意卫生。应当帮助他们养成吃东西前先洗手的习惯，避免病从口入。吃完零食后，应及时漱口或刷牙，预防龋齿。街头食品往往卫生状况较差、没有质量保证，可能会引起食物中毒或胃肠道传染病。因此应尽量购买正规厂家生产的食品。

13 ~ 17 岁儿童青少年

13 ～ 17 岁儿童青少年处于青春期发育阶段，是体格和智力发育的关键时期，也是行为和生活方式形成的重要时期。儿童青少年由于生长速度加快，活动量大，对能量和各种营养素的需要增加，应给予充分关注。此时儿童青少年对食物选择的自主性、独立性更强，家长和教师应及时予以正确引导，使其掌握营养与健康相关知识，合理选择零食。

1. 零食应是合理膳食的组成部分，不要仅从口味和喜好选择零食

零食可以是日常膳食的组成部分，但不能代替正餐。只有保持每日膳食合理、平衡，才可以满足 13 ～ 17 岁儿童青少年的营养需求，并促进正常的生长发育。另外，选择零食不能只凭儿童青少年的个人口味和喜好，营养价值和是否有利于健康才是需要首先考虑的。

2. 多选奶类、水果类、蔬菜类、坚果类等新鲜食物

奶类食物富含优质蛋白质和钙，水果类、蔬菜类食物含有多种维生素、矿物质和膳食纤维，坚果还含有较多的能量、蛋白质，适当选择有利于青少年的身体健康。

3. 认识零食的营养特点，学会选择和购买有益健康的零食

可以作为零食的食物很多，不同的零食有不同的营养优势，要学会根据自己的营养需求和膳食情况选择适宜的零食。应购买由正规厂家生产的零食；购买有包装的食品时要查看生产日期和保质期，尽量选购有食品质量安全“QS”标志的食品。

4. 根据运动或学习需要，在正餐之间吃适量零食，但每天食用不要太频繁

在两次正餐之间可以吃一些零食，作为饥饿时的补充。儿童青少年可以根据运动量适当补充一些零食，但每天吃零食的次数不应超过 3 次，每次吃零食的量不宜过多，以不影响正餐的食欲和食量为原则。

5. 在休闲聚会、看电视等情况下，警惕无意识地过量食入零食

儿童青少年在休息闲暇、聚会聊天、上网、看电视、看电影时，往往会在不经意间摄入过量零食，影响正餐的食用。建议食用零食要有计划，预先准备少量或者小包装的零食，避免在无意识间食用过量。

6. 少吃油炸、含糖过多、过咸的零食

油炸零食会提供较高的能量，长期食用可增加脂肪的摄入；含糖过多的零食容易引起龋齿；若零食中食盐和味精的含量较高，易引起高血压。因此建议少吃油炸、含糖过多、过咸的零食。

7. 少喝含糖饮料，不喝含酒精饮料

含糖饮料如碳酸饮料、果味饮料等含糖分，有较高能量，长期或过量饮用会增加患龋齿、超重与肥胖等危险。含酒精饮料对儿童青少年的心、脑、肺、肾等器官都会造成一定程度的损害，还会影响记忆力和学习成绩，因此儿童青少年不应喝含酒精饮料。

8. 不要以吃零食的方式来减肥

一些儿童青少年尤其是女孩往往为了减肥而盲目节食，不吃或少吃正餐，饿时就吃零食充饥，长期如此会引起营养不平衡、新陈代谢紊乱、抵抗力下降等问题，影响儿童青少年正常的身心发育。

9．注意食品卫生和口腔卫生，少吃街头食品

吃零食要讲究食品卫生，不吃变质腐坏食物。街头食品的卫生和质量往往难以保证，应尽量少吃。吃完零食要漱口或者刷牙，晚上睡觉前半小时不宜吃零食。

参考文献

中国营养学会．中国居民膳食指南．拉萨：西藏人民出版社，2013：208-214.

附录 4　中国居民膳食营养素参考摄入量表（DRIs）

附表 4-1　各年龄组能量和蛋白质的推荐摄入量（RNI）及脂肪供能比

年龄（岁）	能量 Energy				蛋白质 Protein		脂肪（Fat）占能量百分比
	RNI（MJ）		RNI（kcal）		RNI（g）		
	男	女	男	女	男	女	
0 ~	0.4MJ/kg		95kcal/kg*		1.5 ~ 3g/(kg·d)		45 ~ 50
0.5 ~	0.4MJ/kg		95kcal/kg		1.5 ~ 3g/(kg·d)		35 ~ 40
1 ~	4.60	4.40	1100	1050	35	35	35 ~ 40
2 ~	5.02	4.81	1200	1150	40	40	30 ~ 35
3 ~	5.64	5.43	1350	1300	45	45	30 ~ 35
4 ~	6.06	5.83	1450	1400	50	50	30 ~ 35
5 ~	6.70	6.27	1600	1500	55	55	30 ~ 35
6 ~	7.10	6.67	1700	1600	55	55	30 ~ 35
7 ~	7.53	7.10	1800	1700	60	60	25 ~ 30
8 ~	7.94	7.53	1900	1800	65	65	25 ~ 30
9 ~	8.36	7.94	2000	1900	65	65	25 ~ 30
10 ~	8.80	8.36	2100	2000	70	65	25 ~ 30
11 ~	10.04	9.20	2400	2200	75	75	25 ~ 30
14 ~	12.00	9.62	2900	2400	80	80	25 ~ 30
18 ~ 50							
体力活动水平							
轻	10.03	8.80	2400	2100	75	65	20 ~ 30
中	11.29	9.62	2700	2300	80	70	20 ~ 30
重	13.38	11.30	3200	2700	90	80	20 ~ 30

* 为适宜摄入量，非母乳喂养应增加 20%。

来源：中国营养学会．中国居民膳食指南．拉萨：西藏人民出版社，2013：215.

附录 5 不同身体活动的能量消耗

附表 5-1 不同身体活动的能量消耗

活动项目	每千克体重每活动 1 分钟的能量消耗	
	kcal/(kg·min)	kJ/(kg·min)
家务活动		
盥洗、穿衣	0.045	0.188
烹饪、扫地	0.048	0.201
铺床、清扫房间	0.056	0.234
擦地、擦玻璃	0.062	0.259
休闲活动		
立位	0.060	0.251
走、跑	0.088	0.368
乘车	0.027	0.113
步行		
缓慢	0.048	0.201
50 ～ 55m/min	0.052	0.218
110 ～ 120m/min	0.076	0.318
120m/min	0.097	0.406
上下楼	0.057	0.239
跳舞		
中等强度	0.061	0.225
剧烈	0.083	0.347
有氧舞蹈（低碰撞）	0.088	0.368
有氧舞蹈（高碰撞）	0.115	0.481
跳绳	0.130	0.544
钓鱼	0.062	0.259
演奏乐器		
拉手风琴	0.030	0.126
弹吉他、吹笛子、拉大提琴	0.032	0.134
弹钢琴	0.040	0.167
吹喇叭	0.060	0.251
打鼓	0.067	0.280

续表

活动项目	每千克体重每活动 1 分钟的能量消耗	
	kcal/(kg·min)	kJ/(kg·min)
运动		
体操	0.053 ~ 0.066	0.222 ~ 0.276
武术：少林拳	0.121	0.506
跑步（跑走结合，<10min）	0.098	0.411
慢跑	0.115	0.481
爬山	0.121	0.506
划船	0.060	0.251
羽毛球	0.075 ~ 0.091	0.214 ~ 0.381
台球	0.042	0.176
乒乓球	0.068	0.285
排球	0.052 ~ 0.076	0.218 ~ 0.318
篮球	0.098 ~ 0.138	0.410 ~ 0.577
网球	0.109	0.456
足球	0.132	0.552
滑冰	0.084 ~ 0.115	0.352 ~ 0.481
滑旱冰	0.115	0.481
滑雪	0.158	0.661
骑自行车		
慢骑	0.058 ~ 0.101	0.243 ~ 0.423
快骑	0.101 ~ 0.142	0.423 ~ 0.594
游泳		
10m/min	0.050	0.209
20m/min	0.070	0.293
30m/min	0.170	0.711

来源：中华人民共和国卫生部疾病控制司．中国成人超重和肥胖症预防控制指南．北京：人民卫生出版社，2005：41-46.

附录6 中共中央国务院关于加强青少年体育增强青少年体质的意见

中发［2007］7号

增强青少年体质、促进青少年健康成长，是关系国家和民族未来的大事。以迎接2008年北京奥运会为契机，进一步加强青少年体育、增强青少年体质，对于全面落实科学发展观，深入贯彻党的教育方针，大力推进素质教育，培养中国特色社会主义事业的合格建设者和接班人，具有重要意义。为此，提出如下意见。

一、高度重视青少年体育工作

1．广大青少年身心健康、体魄强健、意志坚强、充满活力，是一个民族旺盛生命力的体现，是社会文明进步的标志，是国家综合实力的重要方面。党中央、国务院历来高度重视青少年的健康成长。改革开放以来，我国青少年体育事业蓬勃发展，学校体育工作取得很大成绩，青少年营养水平和形态发育水平不断提高，极大地提升了全民健康素质。但是，必须清醒地看到，一方面由于片面追求升学率的影响，社会和学校存在重智育、轻体育的倾向，学生课业负担过重，休息和锻炼时间严重不足；另一方面由于体育设施和条件不足，学生体育课和体育活动难以保证。近期体质健康监测表明，青少年耐力、力量、速度等体能指标持续下降，视力不良率居高不下，城市超重和肥胖青少年的比例明显增加，部分农村青少年营养状况亟待改善。这些问题如不切实加以解决，将严重影响青少年的健康成长，乃至影响国家和民族的未来。

2．青少年时期是身心健康和各项身体素质发展的关键时期。青少年的体质健康水平不仅关系个人健康成长和幸福生活，而且关系整个民族健康素质，关系我国人才培养的质量。体育锻炼和体育运动，是加强爱国主义和集体主义教育、磨炼坚强意志、培养良好品德的重要途径，是促进青少年全面发展的重要方式，对青少年思想品德、智力发育、审美素养的形成都有不可替代的重要作用。各地和各级各类学校必须全面贯彻党的教育方针，高度重视青少年体育工作，使广大青少年在增长知识、培养品德的同时，锻炼和发展身体的各项素质和能力，成长为中国特色社会主义事业的合格建设者和接班人。

3．当前和今后一个时期，加强青少年体育工作的总体要求是：认真落实健康第一的指导思想，把增强学生体质作为学校教育的基本目标之一，建立健全学校体育工作机制，充分保证学校体育课和学生体育活动，广泛开展群众性青少年体育活动和竞赛，加强体育卫生设施和师资队伍建设，全面完善学校、社区、家庭相结合的青少年体育网络，培养青少年良好的体育锻炼习惯和健康的生活方式，形成青少年热爱体育、崇尚运动、健康向上的良好风气和全社会珍视健康、重视体育的浓厚氛围。通过5年左右的时间，使我国青少年普遍达到国家体质健康的基本要求，耐力、力量、速度等体能素质明显提高，营养不良、肥胖和近视的发生率明显下降。通过全党全社会的共同努力，坚持不懈地推动青少年体育运动的发展，不断提高青少年乃至全民族的健康素质。

二、认真落实加强青少年体育、增强青少年体质的各项措施

4．全面实施《国家学生体质健康标准》，把健康素质作为评价学生全面健康发展的重要指标。加快建立符合素质教育要求的考试评价制度，发挥其对增强青少年体质的积极导向作用。全面组织实施初中毕业升学体育考试，并逐步加大体育成绩在学生综合素质评价和中考成绩中的分量；积极推行在高中阶段学校毕业学业考试中增加体育考试的做法。普遍推行《国家学生体质健康标准》测试报告书制度、公告制度和新生入学体质健康测试制度。认真贯彻《学校体育工作条例》，建立和完善学校体育工作规章制度。

5．广泛开展“全国亿万学生阳光体育运动”。鼓励学生走向操场、走进大自然、走到阳光下，形成青少年体育锻炼的热潮。要根据学生的年龄、性别和体质状况，积极探索适应青少年特点的体育教学与活动形式，指导学生开展有计划、有目的、有规律的体育锻炼，努力改善学生的身体形态和机能，提高运动能力，达到体质健康标准。对达到合格等级的学生颁发“阳光体育证章”，优秀等级的颁发“阳光体育奖章”，增强学生参加体育锻炼的荣誉感和自觉性。

6．切实减轻学生过重的课业负担。各级各类学校要进一步端正办学思想，加强素质教育，努力促进青少年学生生动活泼、积极主动地发展。中小学要切实纠正片面追求升学率的倾向，减轻学生过重的课业负担。深入推进基础教育课程改革，提高课堂教学的质量和效率，使学生有更多的时间参加体育锻炼。

7．确保学生每天锻炼一小时。中小学要认真执行国家课程标准，保质保量上好体育课，其中小学1—2年级每周4课时，小学3—6年级和初中每周3课时，高中每周2课时；没有体育课的当天，学校必须在下午课后组织学生进行一小时集体体育锻炼并将其列入教学计划；全面实行大课间体育活动制度，每天上午统一安排25～30分钟的大课间体育活动，认真组织学生做好广播体操、开展集体体育活动；寄宿制学校要坚持每天出早操。高等学校要加强体育课程管理，把课外体育活动纳入学校日常教学计划，使每个学生每周至少参加3次课外体育锻炼。各级教育行政部门要提出每天锻炼一小时的具体要求并抓好落实。因地制宜地组织广大农村学生开展体育锻炼。有针对性地指导和支持残疾青少年的体育锻炼活动。要切实加强体育教师队伍建设，按照开设体育课和开展课外体育活动的需要，配齐配强体育教师。

8．举办多层次多形式的学生体育运动会，积极开展竞技性和群众性体育活动。各级政府要定期组织综合性或专项性的学生体育运动会。学校每年要召开春、秋季运动会，因地制宜地经常开展以班级为单位的学生体育活动和竞赛，做到人人有体育项目、班班有体育活动、校校有体育特色。进一步办好体育传统项目学校和高等学校高水平运动队，充分发挥其对群众性体育的示范带动作用。完善高等学校和高中阶段学生军训制度，丰富军训内容，开展“少年军校”活动，发挥学生军训在增强体质、磨炼意志等方面的作用。注重发展学生的体育运动兴趣和特长，使每个学生都能掌握两项以上体育运动技能。

9．帮助青少年掌握科学用眼知识和方法，降低青少年近视率。中小学教师和家长都要关注学生的用眼状况，坚持每天上下午组织学生做眼保健操，及时纠正不正确的阅

读、写字姿势，控制近距离用眼时间。学校每学期要对学生视力状况进行两次监测。各级政府要进一步改善农村学校的办学条件，确保照明、课桌椅达到基本标准，改善学生用眼卫生条件。

10．确保青少年休息睡眠时间，加强对卫生、保健、营养等方面的指导和保障。制定并落实科学规范的学生作息制度，保证小学生每天睡眠10小时，初中学生9小时，高中学生8小时。积极开展疾病预防、科学营养、卫生安全、禁毒控烟等青少年健康教育，并保证必要的健康教育时间。建立和完善学生健康体检制度，使青少年学生每年都能进行一次健康检查。建立和完善青少年营养干预机制，对城乡青少年及其家庭加强营养指导；通过财政资助、勤工俭学、社会捐助等方式提高农村寄宿制学校家庭经济困难学生伙食补贴标准，保证必要的营养需要。建立青少年营养状况监测机制，加强青少年食品卫生专项监督检查。根据新时期青少年青春期特征和成长过程中的心理特点，有针对性地加强心理健康教育，逐步建立健全青少年心理健康教育、指导和服务网络。

11．加强学校体育设施建设。各级政府要认真落实《公共文化体育设施条例》，统筹协调、因地制宜，加强学校体育设施特别是体育场地建设。城市和社区的建设规划要充分考虑青少年体育锻炼设施的需要，为他们提供基本的设施和条件。公共体育设施建设要与学校体育设施建设统筹考虑、综合利用。把“农民体育健身工程”与农村中小学体育设施建设结合起来，改善农村学校体育条件。公共体育场馆和运动设施应免费或优惠向周边学校和学生开放，学校体育场馆在课余和节假日应向学生开放。

12．加强体育安全管理，指导青少年科学锻炼。学校要对体育教师进行安全知识和技能培训，对学生加强安全意识教育。加强体育场馆、设施的维护管理，确保安全运行。完善学校体育和青少年校外体育活动的安全管理制度，明确安全责任，完善安全措施。针对青少年的特点，加强对大型体育活动的管理，做好应急预案，防止发生群体性安全事件。所有学校都要建立校园意外伤害事件的应急管理机制。建立和完善青少年意外伤害保险制度，推行由政府购买意外伤害校方责任险的办法，具体实施细则由财政部、保监会、教育部研究制定。要加强体育科学研究，积极开发适应青少年特点的锻炼项目和健身方法，加强社会体育指导员队伍建设，为青少年体育锻炼提供科学指导。

三、加强领导，齐抓共管，形成全社会支持青少年体育工作的合力

13．各级党委和政府要把加强青少年体育工作摆上重要议事日程，纳入经济社会发展规划。加大对体育事业尤其是中小学体育设施的投入，正确评价学校的教育质量，为学校实施素质教育、促进学生全面发展创造良好条件。建立在党委和政府领导下，教育、体育、卫生部门和共青团组织等共同参加的联席会议制度，统筹协调解决青少年体育工作中的重要问题。

14．各级政府和教育部门要加强对学校体育的督导检查。建立对学校体育的专项督导制度，实行督导结果公告制度。健全学生体质健康监测制度，定期监测并公告学生体质健康状况。加大体育工作和学生体质健康状况在教育督导、评估指标体系中的权重，并作为评价地方和学校工作的重要依据。对成绩突出的地方、部门、学校和个人进行表

彰奖励。对青少年体质健康水平持续下降的地区和学校，实行合格性评估和评优评先一票否决。

15．制定国家学校体育卫生条件基本标准，加大执法监督力度。通过制定国家学校体育卫生条件基本标准，进一步明确国家对各级各类学校体育场地、器材设施、卫生条件和师资的基本要求。各级政府要认真贯彻执行义务教育法和学校体育卫生工作法律法规，并加强督促检查。对学校体育卫生基本条件不达标的，要限期整改。

16．充分发挥共青团、少先队、妇联组织的优势和特色，开展多种形式的课外体育锻炼活动。青少年活动中心、少年宫、妇女儿童中心和其他校外教育机构要把开展青少年体育活动作为重要职能。积极倡导和鼓励创建青少年体育俱乐部和青少年户外体育活动营地。通过开展丰富多彩的校外体育活动和团、队活动，充实课外生活，努力把更多的青少年吸引到健康向上的体育活动中来。

17．切实加强对学校卫生的监督与指导。学校卫生是国家公共卫生服务体系建设的重点。要把城乡中小学生作为城镇居民基本医疗保险试点和新型农村合作医疗的重点覆盖人群。各级疾病预防控制机构和相关卫生医疗机构要明确专人负责指导和协助学校的卫生工作，按照国家有关规定为行政区域内学校提供预防保健等公共卫生服务，定期对学校的食品卫生、饮用水、传染病防治等开展卫生监督、监测，依法进行免疫预防接种，所需费用纳入公共卫生经费支付范围。中小学要依据《学校卫生工作条例》规定，设立卫生室，配备校医或专（兼）职保健教师，在卫生部门指导下开展学校卫生工作。各级教育行政部门要会同卫生行政部门建立巡查制度，加强行政区域内的学校卫生管理。

18．加强家庭和社区的青少年体育活动，形成学校、家庭和社区的合力。家庭教育对加强青少年体育、增强青少年体质起关键作用。要在广大家长中倡导健康第一的理念，树立正确的教育观、成才观，注重从小培养青少年良好的体育锻炼习惯、饮食卫生习惯和文明健康的生活方式，鼓励家长和孩子共同参加体育锻炼。学校、社区要和家庭加强沟通与合作，组织开展多种多样的青少年体育活动，促进家庭、社会形成科学正确的教育观念和方式。

19．进一步完善加强青少年体育的政策保障措施。中央设立专项资金，实施“全国亿万学生阳光体育运动”器材支持项目，帮助义务教育阶段中西部农村学校配备体育活动器材。在农村寄宿制学校建设工程、初中校舍改造工程和卫生新校园建设工程中，切实加大对学校食堂、饮用水设施、厕所、体育场地的改造力度。把义务教育阶段学生健康体检的费用纳入义务教育经费保障机制，其他学生由省级政府制定统一的费用标准和解决办法。学校要切实保证体育卫生工作的正常开展，所需经费从公用经费中提取和安排。

20．努力营造重视青少年体育的舆论环境。大力宣传和普及科学的教育观、人才观、健康观，加大对群众性学生体育活动的宣传报道，形成鼓励青少年积极参加体育锻炼的社会氛围。要以迎接奥运会、举办奥运会为契机，开展丰富多彩的“迎奥运、讲文明、树新风”活动，使北京奥运会成为广大青少年积极参与、推动全民健身运动迈上新台阶的奥运会，让广大青少年以实际行动与奥运同行，充分展示新时期青少年健康向上的精神风貌。

二〇〇七年五月七日

参考文献

[1] 中华人民共和国卫生部疾病预防控制局．中国学龄儿童少年超重和肥胖预防与控制指南．北京：人民卫生出版社，2007，3.

[2] 王海俊，马军．怎样才能不肥胖．北京：北京大学医学出版社，2013.

[3] Liao C C，Su T C，Chien K L，et al. Elevated blood pressure，obesity，and hyperlipidemia. J Pediatr，2009，155（1）：79-83，81-83.

[4] Bingham M O，Harrell J S，Takada H，et al. Obesity and cholesterol in Japanese，French，and U.S. children. J Pediatr Nurs，2009，24（4）：314-322.

[5] Mkhonto SS，Mabaso MLH. Relationship between obesity and blood pressure in school-going adolescents in the Limpopo Province of South Africa. Obes Res Clin Pract，2011（doi：10.1016/j.bbr.2011.03.031）.

[6] Flores-Huerta S，Klunder-Klunder M，Reyes D L C L，et al. Increase in body mass index and waist circumference is associated with high blood pressure in children and adolescents in Mexico city. Arch Med Res，2009，40（3）：208-215.

[7] 于冬梅，赵丽云，马冠生，等.7～17 岁超重肥胖儿童青少年代谢综合征流行现况．卫生研究，2012，41（3）：410-413.

[8] Ji CY，Chen TJ；Working Group on Obesity in China（WGOC）. Empirical changes in the prevalence of overweight and obesity among Chinese students from 1985 to 2010 and corresponding preventive strategies. Biomed Environ Sci，2013，26（1）：1-12.

[9] Chen TJ，Modin B，Ji CY，et al. Regional，socioeconomic and urban-rural disparities in child and adolescent obesity in China：a multilevel analysis. Acta Paediatr. 2011，100：1583-1589.

[10] 付连国，马军，王海俊，等．儿童青少年超重、肥胖对其身体机能影响的多水平分析．北京大学学报（医学版），2012，44（3）：359-363.

[11] Della C C，Alisi A，Saccari A，et al. Nonalcoholic fatty liver in children and adolescents：an overview. J Adolesc Health，2012，51（4）：305-312.

[12] Motta A B. The role of obesity in the development of polycystic ovary syndrome. Curr Pharm Des，2012，18（17）：2482-2491.

[13] Lass N，Kleber M，Winkel K，et al. Effect of lifestyle intervention on features of polycystic ovarian syndrome，metabolic syndrome，and intima-media thickness in obese adolescent girls. J Clin Endocrinol Metab，2011，96（11）：3533-3540.

[14] Kohler M J，van den Heuvel C J. Is there a clear link between overweight/obesity and sleep disordered breathing in children?. Sleep Med Rev，2008，12（5）：347-361，

363-364.
[15] Tauman R，Gozal D. Obesity and obstructive sleep apnea in children. Paediatr Respir Rev，2006，7（4）：247-259.
[16] 季成叶．现代儿童少年卫生学．2 版．北京：人民卫生出版社，2010.
[17] Guran T，Turan S，Akcay T，et al. Significance of acanthosis nigricans in childhood obesity. J Paediatr Child Health，2008，44（6）：338-341.
[18] Koebnick C，Smith N，Black M H，et al. Pediatric obesity and gallstone disease. J Pediatr Gastroenterol Nutr，2012，55（3）：328-333.
[19] Juraschek S P，Miller E R，Gelber A C. Body mass index，obesity，and prevalent gout in the United States in 1988-1994 and 2007-2010. Arthritis Care Res（Hoboken），2013，65（1）：127-132.
[20] Kim D S. Body image dissatisfaction as an important contributor to suicidal ideation in Korean adolescents：gender difference and mediation of parent and peer relationships. J Psychosom Res，2009，66（4）：297-303.
[21] Hossain P，Kawar B，El N M. Obesity and diabetes in the developing world—a growing challenge. N Engl J Med，2007，356（3）：213-215.
[22] Sahade V，Franca S，Badaro R，et al. Obesity and postprandial lipemia in adolescents：risk factors for cardiovascular disease. Endocrinol Nutr，2012，59（2）：131-139.
[23] Flegal K M，Carroll M D，Kit B K，et al. Prevalence of obesity and trends in the distribution of body mass index among US adults，1999-2010. JAMA，2012，307（5）：491-497.
[24] Vos M，Barlow S E. Update in childhood and adolescent obesity. Pediatr Clin North Am，2011，58（6）：xv-xvii.
[25] 中国学生体质与健康研究组．2010 年中国学生体质与健康调研报告．北京：高等教育出版社，2012.
[26] 李珊珊，王海俊，吴双胜，等．北京市不同体型小学生饮食行为调查．中国学校卫生，2010，31（6）：662-664.
[27] Horikawa C，Kodama S，Yachi Y，et al. Skipping breakfast and prevalence of overweight and obesity in Asian and Pacific regions：a meta-analysis. Prev Med，2011，53（4-5）：260-267.
[28] 吴双胜，王海俊，李百惠，等．北京市海淀区小学生超重影响因素分析．中国学校卫生，2011，32（4）：399-401.
[29] 季成叶．儿童肥胖流行和肥胖易感环境．中国学校卫生，2006，27（6）：464-466.
[30] Shang X W，Liu A L，Zhang Q，et al. Report on childhood obesity in China（9）：sugar-sweetened beverages consumption and obesity. Biomed Environ Sci，2012，25（2）：125-132.
[31] Hu F B. Resolved：there is sufficient scientific evidence that decreasing sugar-

sweetened beverage consumption will reduce the prevalence of obesity and obesity-related diseases. Obes Rev，2013，14（8）：606-619.

[32] Hallal P C，Andersen L B，Bull F C，et al. Global physical activity levels：surveillance progress，pitfalls，and prospects. Lancet，2012，380（9838）：247-257.

[33] 宋逸，张芯，杨土保，等. 2010 年全国中小学生体育锻炼行为现状及原因分析. 北京大学学报（医学版），2012，44（3）：347-354.

[34] 中国肥胖问题工作组. 中国学龄儿童青少年超重、肥胖筛查体重指数值分类标准. 中华流行病学杂志，2004，25（2）：97-102.

[35] Ma G，Ji C，Ma J，et al. Waist circumference reference values for screening cardiovascular risk factors in Chinese children and adolescents. Biomedical and Environmental Sciences，2010，23（1）：21-31.

[36] 赵亚茹，张帆. 小儿肥胖诊断标准. 中国实用儿科杂志，2004，19（3）：130-132.

[37] Lazarus R，Baur L，Webb K，et al. Body mass index in screening for adiposity in children and adolescents：systematic evaluation using receiver operating characteristic curves. The American Journal of Clinical Nutrition，1996，63（4）：500-506.

[38] 陈润，马迎华. 健康促进学校活动的现状及展望. 中国学校卫生，2004，25（1）：114-116.

[39] 吕姿之，常春. 健康教育与健康促进. 2 版. 北京：北京大学医学出版社，2002.

[40] 杨贵仁，廖文科. 学校卫生人员培训教材. 北京：中国方正出版社，2002：165-170.

[41] 史慧静. 学校健康促进实用手册. 上海：上海教育出版社，2011.

[42] American CDC. School Health Guidelines to Promote Healthy Eating and Physical Activity：Executive Summary. 2011.

[43] 张芯，余小鸣. 学校健康教育实践与理论. 北京：北京大学医学出版社，2011.

[44] 田本淳. 健康教育与健康促进实用方法. 北京：北京大学医学出版社，2005.

[45] Mac Donald MA，Green LW. Reconciling concept and context：the dilemma of implementation in school-based health promotion. Health Educ Behav，2001，28（6）：749-768.

[46] Cleave H，Charlton A. Evaluation of a cancer-based coping and caring course used in three different settings. Child Care Health Dev，1997，23（5）：399- 413.

[47] 胡俊峰，侯培森. 当代健康教育与健康促进 . 北京：人民卫生出版社，2005.

[48] Shingo N，Takeo M. The educational experiments of school health promotion for the youth in Japan：analysis of the sport test over the past 34 years. Health Promot Internaion，2002，17（2）：147-160.

[49] 宋尽贤，廖文科. 中国学校体育 30 年 1979—2009. 北京：高等教育出版社，2010.

[50] 宋逸，马军. 儿童青少年体育课和课外体育活动指导——有氧适宜运动处方汇编. 北京：北京大学医学出版社，2013.

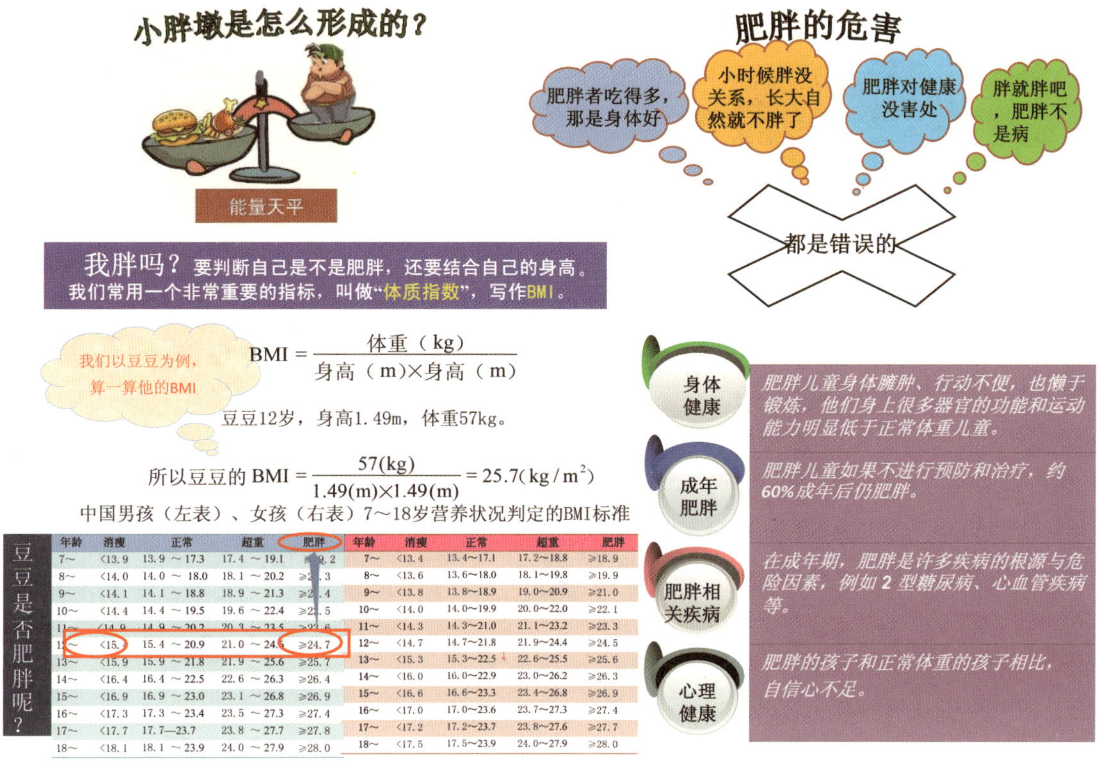

年龄	消瘦	正常	超重	肥胖
7～	<13.9	13.9～17.3	17.4～19.1	[illegible]
8～	<14.0	14.0～18.0	18.1～20.2	[illegible]
9～	<14.1	14.1～18.8	18.9～21.3	[illegible]
10～	<14.4	14.4～19.5	19.6～22.4	[illegible]
11～	<14.9	14.9～20.2	20.3～23.5	[illegible]
12～	[illegible]	15.4～20.9	[illegible]	≥24.7
13～	<15.9	15.9～21.8	21.9～25.6	≥25.7
14～	<16.4	16.4～22.5	22.6～26.3	≥26.4
15～	<16.9	16.9～23.0	23.1～26.8	≥26.9
16～	<17.3	17.3～23.4	23.5～27.3	≥27.4
17～	<17.7	17.7—23.7	23.8～27.7	≥27.8
18～	<18.1	18.1～23.9	24.0～27.9	≥28.0

年龄	消瘦	正常	超重	肥胖
7～	<13.4	13.4～17.1	17.2～18.8	≥18.9
8～	<13.6	13.6～18.0	18.1～19.8	≥19.9
9～	<13.8	13.8～18.9	19.0～20.9	≥21.0
10～	<14.0	14.0～19.9	20.0～22.0	≥22.1
11～	<14.3	14.3～21.0	21.1～23.2	≥23.3
12～	<14.7	14.7～21.8	21.9～24.4	≥24.5
13～	<15.3	15.3～22.5	22.6～25.5	≥25.6
14～	<16.0	16.0～22.9	23.0～26.2	≥26.3
15～	<16.6	16.6～23.3	23.4～26.8	≥26.9
16～	<17.0	17.0～23.6	23.7～27.3	≥27.4
17～	<17.2	17.2～23.7	23.8～27.6	≥27.7
18～	<17.5	17.5～23.9	24.0～27.9	≥28.0

彩图 1　墙报图片 1

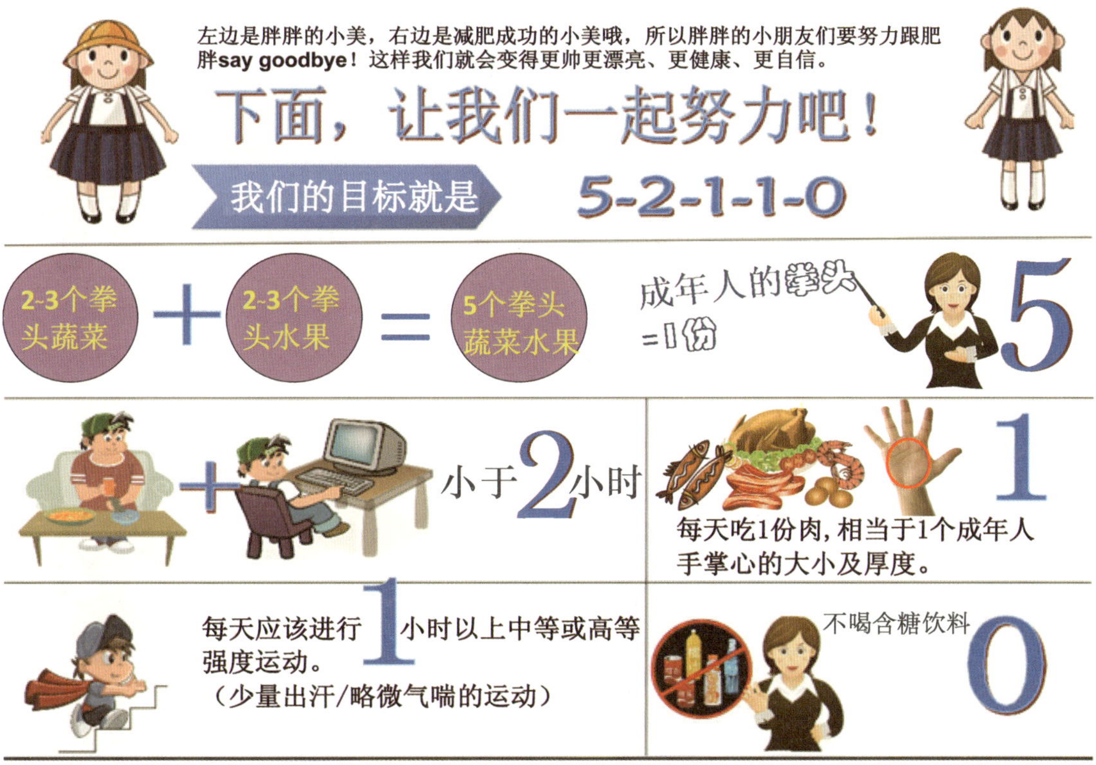

彩图 2　墙报图片 2

彩图 3　墙报图片 3

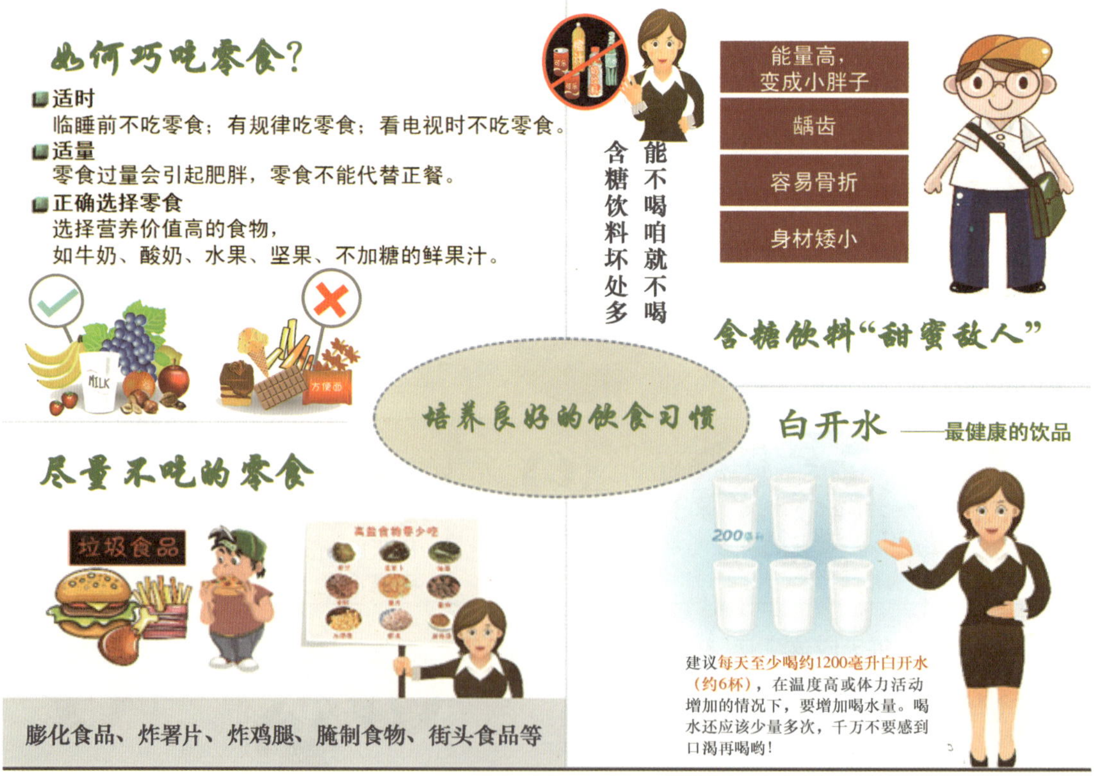

彩图 4　墙报图片 4

彩图 5　墙报图片 5

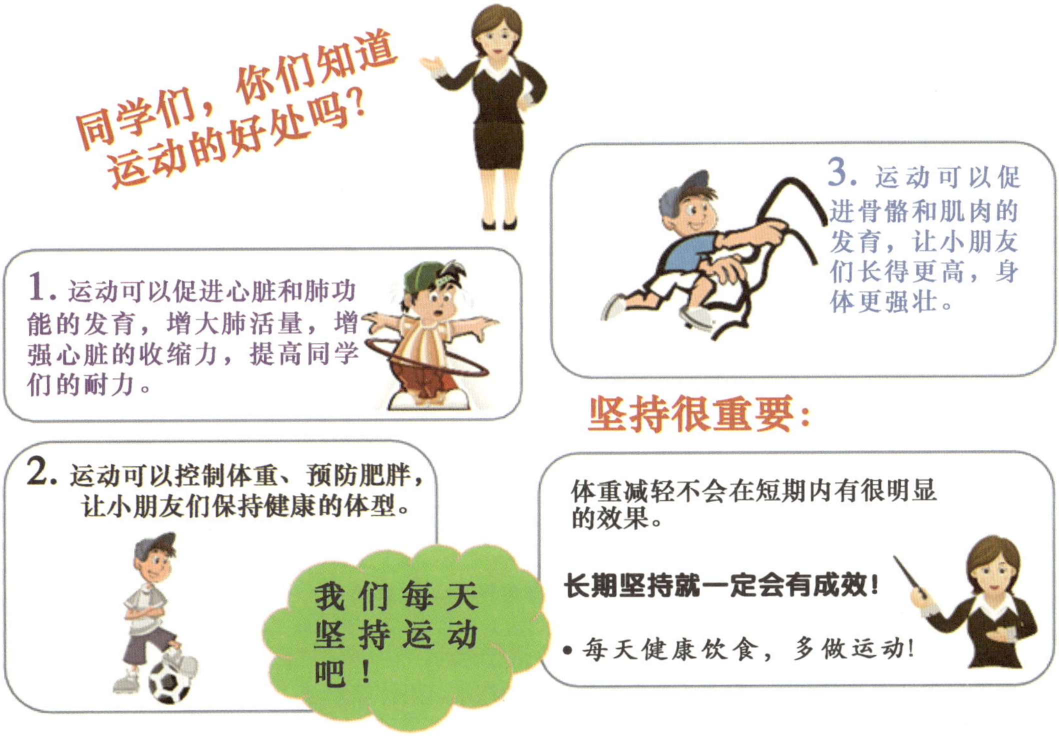

彩图 6　墙报图片 6

彩图 7　墙报图片 7

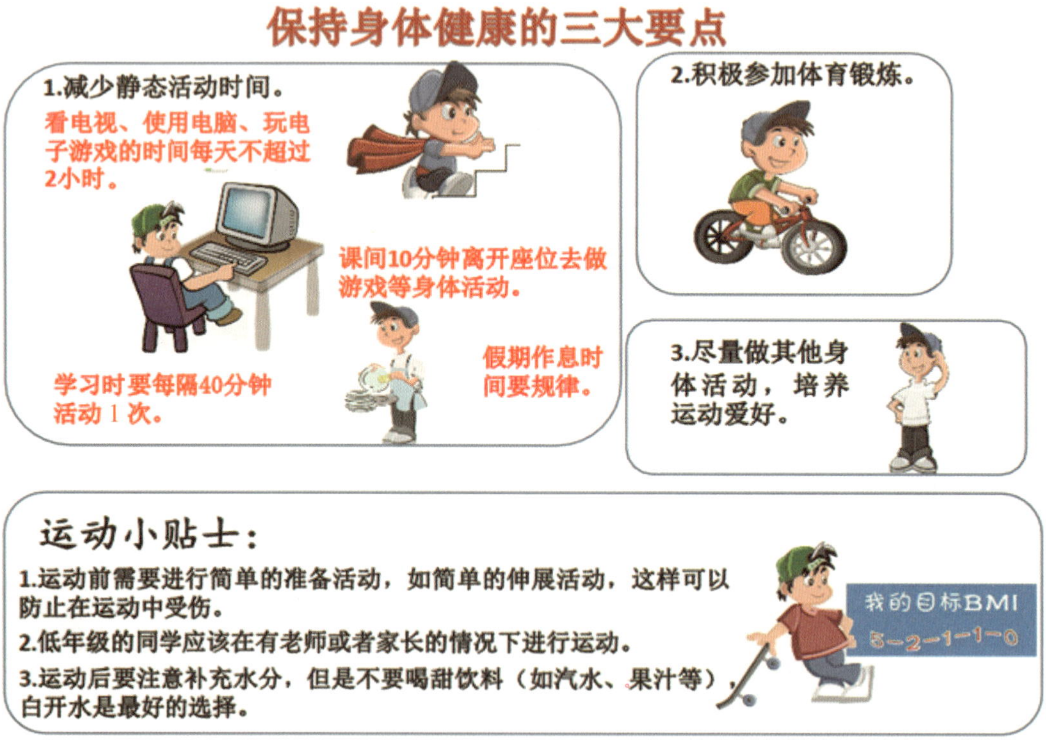

彩图 8　墙报图片 8

快乐运动，健康饮食
小胖墩是怎么形成的呢？
吃得多
动得少
能量天平
我胖吗？要判断自己是不是肥胖，还要结合自己的身高。
我们常用一个非常重要的指标，叫做"体质指数"，写作BMI。
BMI = 体重（kg） / 身高（m）×身高（m）
肥胖的危害
身体健康
肥胖儿童身体臃肿、行动不便，也懒于锻炼，他们身上很多器官的功能和运动能力明显低于正常体重儿童。
成年肥胖
肥胖儿童如果不进行预防和治疗，约60%成年后仍肥胖。
肥胖相关疾病
在成年期，肥胖是许多疾病的根源与危险因素，例如二型糖尿病、心血管疾病等。
心理健康
肥胖的孩子和正常体重的孩子相比，自信心不足。
中国居民膳食宝塔
奶类和豆类食物:每天至少要喝250毫升(克)的奶，建议多喝，而且推荐喝低脂或脱脂奶。喝1份纯牛奶(250毫升)或者2份酸牛奶(每份125克)。
油脂类:建议每人每天吃油限量为25克（拇指的指尖为一小勺油，约5克)。每人每天盐摄入的限量大约6克（约一个啤酒瓶盖）。
鱼、禽、肉、蛋类:每天吃1份,约80~110克,相当于1个普通成年人手掌心（不包括手指）的大小及厚度。
蔬菜和水果：每天应该吃2~3份蔬菜(煮熟的或切碎的生菜叶)，300~500克，2~3份新鲜水果，200~400克。1份是普通成年人拳头大小的体积。
谷物和薯类：作为主食，每天要吃250~400克，2.5~4碗。
如何巧吃零食：
适时
临睡前不吃零食；有规律吃零食；看电视时不吃零食。
适量
零食过量会引起肥胖，零食不能代替正餐。
正确选择零食
选择营养价值高的食物，
如牛奶、酸奶、水果、坚果、不加糖的鲜果汁。
MILK
方便面
不喝含糖饮料
能量高，变成小胖子
龋齿
容易骨折
身材矮小
白开水 ——最健康的饮品
200毫升
建议每天至少喝约1200毫升白开水（约6杯）。在温度高或体力活动增加的情况下，应增加喝水量。喝水还应该 少量多次，千万不要感到口渴再喝哟！
每天必须吃早餐
不吃早餐上午会非常饥饿，午餐就会饥不择食，一天中总共摄入的能量比吃早餐的人更多！
不吃早餐危害大
容易饿
头晕眼花
抵抗力下降
肥胖
注意力下降
北京大学 儿童青少年卫生研究所
INSTITUTE OF CHILD AND ADOLESCENT HEALTH OF PEKING UNIVERSITY

彩图 9 海报图片 1

快乐运动，健康饮食
运动的好处：
运动可以促进心脏和肺功能的发育，控制体重、预防肥胖，促进骨骼和肌肉的发育，让小朋友们长得更高，身体更强壮。
坚持很重要：
体重减轻不会在短期内有很明显的效果。
长期坚持就一定会有成效！
•每天健康饮食，多做运动！
保持身体健康的三大要点：
1.减少静态活动时间。
看电视、使用电脑、玩电子游戏的时间每天不超过2小时；
课间10分钟离开座位去做游戏等身体活动；
假期作息时间要规律，学习时要每隔10分钟活动一次。
2.积极参加体育锻炼。
3.尽量做其他身体活动，培养运动爱好。
运动都有哪些类型呢？
运动量
高等强度
打篮球、踢足球、赛跑、跳绳、登山、打网球、搬运重11公斤以上的东西等
中等强度
中等速度跑步、跳舞、上下楼梯、投篮球、打乒乓球、游泳等
轻度
伸展运动；散步；一些家务活动，如浇花、擦桌子、扫地、喂小动物等
选择哪些运动，运动多长时间，才有利于健康呢？
同学们一定要记住：
每天应该进行1小时以上中等或高等强度的运动。
可以一次完成1小时的运动，也可以分成几次进行，但每次运动时间不少于10分钟。
下面，让我们一起努力吧！
我们的目标就是
5-2-1-1-0
2~3个拳头蔬菜
2~3个拳头水果
5个拳头蔬菜水果
成年人的拳头=1份
5
小于2小时
2
每天应该进行1小时以上中等或高等强度运动。
（少量出汗/略微气喘的运动）
1
每天吃1份肉，相当于1个成年人手掌心的大小及厚度。
1
不喝含糖饮料
0
北京大学儿童青少年卫生研究所
INSTITUTE OF CHILD AND ADOLESCENT HEALTH OF PEKING UNIVERSITY

彩图 10　海报图片 2